JN219242

EL ESPAÑOL

GRAMÁTICA Y EJERCICIOS

HIROSAWA AKIHIKO

HAKUSUISHA

─── 音声ダウンロード ───

 この教科書の音源は、白水社ホームページ（www.hakusuisha.co.jp/download/）からダウンロードすることができます。（お問い合わせ先：text@hakusuisha.co.jp）

装丁　細野綾子
音声　瓜谷アウロラ
　　　エンリケ・アルマラス

『スペイン語 文法と練習』p.2 の音声ダウンロード用の
QR コードに誤りがございました。
正しくは次のものでございます。
お詫びして訂正いたします。

序　文

　『スペイン語 文法と練習』は、スペイン語初級文法を初めて学ぶ人たちが、基本事項を学び、多くの練習問題をこなすことで、文法を身につけるのを応援するための教科書です。各課見開きで、左頁に文法事項、その練習問題を右ページに配しました。アクセント位置の決まりから接続法過去完了まで、全 28 課でしっかりと学んでください。

　しかしどうやってスペイン語文法を身につけたらいいのでしょう？　まず、授業を休まないことです。なぜならこの教科書は、教員による授業中に行われる説明を前提としているからです。授業とは、教員からの知識の継承の場だと筆者は考えます。教科書だけでは全てを学ぶことはできません。ですから、授業を休んではいけないのです。

　でも、特に大学生は、なんだかんだでやむを得ず欠席してしまうこともあるでしょう。そのような場合には、あるいは予習復習のためには、参考書による自主学習をお勧めします。それから辞書（スペイン語辞典、西和辞典）も購入し、授業には毎回持参しなければなりません。スペイン語の学習では、辞書は単語の意味を調べる以外にも、変化形や語と相性の良い前置詞を調べたり等々のコツが必要になります。これも授業中に教員から指導があるはずです。

　本書の音声データの朗読を引き受けてくださり、ご多忙にもかかわらず例文のチェックもしてくださった瓜谷アウロラ先生と、エンリケ・アルマラス先生にはこの場を借りてお礼を申し上げます。お二方ともスペイン、サラマンカのご出身です。皆さん是非この録音をお聴きください。そして執筆に関して多くの助言と励ましの言葉をくださった白水社編集部、鈴木裕子氏にもお礼を申し上げます。鈴木さんのお蔭で、筆者がイメージする「白水社の教科書」に近づけることが出来たと思います。

　最後に学生諸君！　可能性の塊（かたまり）である君たちの中から、将来スペイン語に携わる者が必ず出ることを、我々教員は経験上知っているのです。学生生活を有意義に送ってください！

2018 年 10 月

廣澤　明彦

ÍNDICE

ÍNDICE

alfabeto　字母

02

文字		名称		
A	a	a	[a]	ア
B	b	be	[be]	ベ
C	c	ce	[θe/se]	せ / セ
D	d	de	[de]	デ
E	e	e	[e]	エ
F	f	efe	[efe]	エふェ
G	g	ge	[xe]	ヘ
H	h	ache	[atʃe]	アチェ
I	i	i	[i]	イ
J	j	jota	[xota]	ほタ
K	k	ka	[ka]	カ
L	l	ele	[ele]	エれ
M	m	eme	[eme]	エメ

文字		名称		
N	n	ene	[ene]	エネ
Ñ	ñ	eñe	[eɲe]	エにェ
O	o	o	[o]	オ
P	p	pe	[pe]	ペ
Q	q	cu	[ku]	ク
R	r	ere	[ere]	エレ
S	s	ese	[ese]	エセ
T	t	te	[te]	テ
U	u	u	[u]	う
V	v	uve	[ube]	うべ
W	w	uve doble	[ube doble]	うべ・ドブレ
X	x	equis	[ekis]	エキス
Y	y	ye	[je]	ジェ
Z	z	zeta	[θeta/seta]	せタ / セタ

・5つの母音は色のついた字で示されている。
・Y y は、かつては i griega [i grjega] イ・グリエーガという名称であった。
・ひらがな表記は、注意が必要なスペイン語らしい発音が含まれている場合である。

LECCIÓN 1

I アクセント位置 ◁)) 03

単語の中で「最も強く読む母音」は、以下の決まりにしたがっている。

❶ 母音、-n、-s で終わる語は、うしろから 2 番目の母音

casa 家　　　　　　joven 若者　　　　　Cervantes セルバンテス（人名）

❷ 子音（-n、-s 以外）で終わる語は、一番うしろの母音

actor 俳優　　　salud 健康　　　español スペイン語　　　universidad 大学

❸ アクセント記号のついた母音（á、é、í、ó、ú）は、その母音

móvil 携帯電話　　　autobús 路線バス　　　Japón 日本　　　médico 医者

II 2つ並んでいる母音の扱い ◁)) 04

強母音 …… a e o　　弱母音 …… i u

❶ 母音分立（強母音＋強母音）…… 2 つの母音として扱う

museo 博物館、美術館　　tarea 仕事　　　maestro 先生

❷ 二重母音（上記以外の組み合わせ）…… 1 つの母音として扱う

familia 家族　　　agua 水　　　diccionario 辞書　　　especie 種類
　2　1　　　　　2　1　　　　　　　　2　1　　　　　　2　1

✦ 弱母音にアクセント記号がつくと、母音分立の扱いとなる。

economía 経済　　　grúa レッカー車　　　envío 送付
　　　2 1　　　　　2 1　　　　　　2 1

❸ アクセントがかかる位置に二重母音があるときには、強母音（a、e、o）を強く読む

causa 原因　　　boina ベレー帽　　　euro ユーロ　　　tiempo 時間
　2　1　　　　　2　1　　　　　2　1　　　　　2　1

III 基数 0 ～ 15 ◁)) 05

0 cero		
1 uno	6 seis	11 once
2 dos	7 siete	12 doce
3 tres	8 ocho	13 trece
4 cuatro	9 nueve	14 catorce
5 cinco	10 diez	15 quince

EJERCICIO 1

1. 以下の単語の「最も強く読む母音」はどれか、示しなさい。子音にも注意して読むこと。 🔊 06

1. cena 夕食	2. cima 頂上	3. crimen 犯罪	4. coche 車
5. deporte スポーツ	6. Madrid マドリード	7. ciudad 町	
8. gusto 味	9. gente 人々	10. girasol ひまわり	11. origen 起源
12. guerra 戦争	13. guitarra ギター	14. hotel ホテル	
15. jefe 上司	16. jueves 木曜	17. libro 本	18. paella パエリャ
19. España スペイン	20. Don 〜さん	21. Quijote キホーテ	22. queso チーズ
23. señorita お嬢さん	24. rosa バラ	25. perro 犬	26. dolor 痛み
27. ventana 窓	28. examen 試験	29. extranjero 外国の	30. México メキシコ
31. yate ヨット	32. jersey セーター	33. desayuno 朝食	
34. plaza 広場	35. kilómetro キロメートル	36. whisky ウイスキー	

2. 以下の単語の「最も強く読む母音」はどれか、示しなさい。 🔊 07

1. lluvia 雨	2. deuda 借金	3. empleo 雇用	4. aire 空気
5. país 国	6. cafetería カフェ	7. secretario 秘書	8. guía ガイド
9. tú 君	10. sobre 封筒	11. invierno 冬	12. aeropuerto 空港

3. 下線部に注意して、以下の語を読みなさい。 🔊 08

1. cama ベッド	2. máquina 機械	3. cuna 揺りかご	4. bosque 森	5. cosa もの
6. zapato 靴	7. cinturón ベルト	8. zumo ジュース	9. cerdo 豚	10. zorro キツネ
11. gato 猫	12. guion 台本	13. figura 姿	14. guerrilla ゲリラ	15. gorra 帽子

◆ pingüino ペンギン　vergüenza 恥
　üの上の記号（¨）は読まない文字を読ませる記号。diéresis 又は crema という。

4. 以下の表現を読みなさい。 🔊 09

1. Buenos días. こんにちは	2. Buenas tardes. こんにちは	3. Buenas noches. こんばんは
4. Hola. やぁ	5. No. いいえ	6. Sí. はい
7. Gracias. ありがとう	8. Hasta mañana. また明日	9. Hasta luego. また近いうちに

LECCIÓN 2

I 男性名詞・女性名詞 🔊 10

❶ 名詞は必ず男性名詞、女性名詞のいずれかに分類される。この文法上の性は、人、動物以外の無生物にも適用されるので無視してはいけない。語尾で区別できることもある。

男性名詞 (-o、-or)

niño 男の子　　vino ワイン　　profesor (男性の)教員　　motor モーター、エンジン

女性名詞 (-a、-dad、-ción、-sión)

niña 女の子　　mañana 朝　　edad 年齢　　relación 関係　　profesión 職業

❷ 語尾で区別できない場合や例外も多い。

| 男性名詞 | padre 父 | coche 自動車 | árbol 木 | pez 魚 | análisis 分析 | día 日 |
| 女性名詞 | madre 母 | calle 通り | noche 夜 | paz 平和 | crisis 危機 | mano 手 |

II 名詞の複数形 🔊 11

❶ 母音で終わる語 + -s　　niña 女の子　→ niñas

　 子音で終わる語 + -es　　ciudad 都市 → ciudades

❷ 単数と複数のアクセント位置は同じ

árbol 木 → árboles　　autobús 路線バス → autobuses　　canción 歌 → canciones

✦ -z で終わる語の複数形は ✕-zes ではなく、◎ -ces。lápiz 鉛筆→ lápices

III 冠詞 🔊 12

名詞の性、数と一致した形式を用いる。

定冠詞

	単数	複数
男性	el libro	los libros
女性	la bicicleta	las bicicletas

不定冠詞

	単数	複数
男性	un libro	unos libros
女性	una bicicleta	unas bicicletas

既出の語、特定の語に用いる　　　　　　　初出の語に用いる　「ある、ある一つの」
「その、例の、それらの」　　　　　　　　複数形の意味は「いくつかの」

✦ アクセントのある a-、ha- で始まる女性名詞単数には el を用いる。el aula 教室。ただし las aulas

IV 存在を表す動詞 hay (いる、ある) 🔊 13

hay + 不特定の名詞 (不定冠詞＋名詞、数詞＋名詞、無冠詞の名詞)

Hay dos coches en la calle.　　　　　通りに2台の自動車がある。　　　　　数詞＋名詞

¿Hay unos melones en la nevera?　　冷蔵庫の中にいくつかのメロンがありますか？　　不定冠詞＋名詞

✦ 疑問文の文頭には倒立の疑問詞「¿」、文末には正立の疑問詞「?」の2つを用いる。

No, no hay melones ahí.　　　　　　いいえ、そこにはメロンはありません。　　無冠詞の名詞

✦ 否定文は no ＋動詞で表される。　　✦ 場所の副詞 aquí ここに、ahí そこに、allí あそこに

1. 以下の名詞の文法上の性と意味を書きなさい。

例 diccionario (男性)　辞書

1. hombre （　　　）　　　　　　2. mujer （　　　）

3. hermano （　　　）　　　　　　4. hermana （　　　）

5. caballo （　　　）　　　　　　6. yegua （　　　）

7. profesor （　　　）　　　　　　8. profesora （　　　）

9. universidad（　　　）　　　　10. inmigración（　　　）

11. jardín （　　　）　　　　　　12. televisión （　　　）

2. 以下の名詞の単数形は複数形に、複数形は単数形にしなさい。

1. hombres →　　　　　　　　2. dólares →

3. profesor →　　　　　　　　4. estación →

5. exámenes →　　　　　　　6. melones →

7. yenes →　　　　　　　　　8. voz →

3. 以下の名詞に定冠詞をつけなさい。

1. (　　　) familia　　　　　　2. (　　　) diccionario

3. (　　　) árboles　　　　　　4. (　　　) caballos

5. (　　　) exámenes　　　　　6. (　　　) hachas

7. (　　　) jóvenes　　　　　　8. (　　　) programa

9. (　　　) cantante　　　　　10. (　　　) agua

4. (A　　　)には不定冠詞、(B　　　)には定冠詞を付けて文を完成させ、訳しなさい。

1. Hay tres caballos en (B　　　　) plaza.

2. Hay (A　　　　) perro en (B　　　　) jardín.

3. Hay (A　　　) moto en (B　　　　) garaje.

4. ¿Hay (A　　　　) restaurantes por aquí?

5. No hay melocotones en (B　　　　) nevera.

LECCIÓN 3

I 主格人称代名詞　　◁)) 14

主語のはたらき（～は）を担う。人称（1 ～ 3 人称）、数（単数、複数）とともに覚えること。

		単数		複数
1人称	yo	私は	nosotros / nosotras	私たちは
2人称	tú	君は	vosotros / vosotras	君たちは
3人称	él	彼は	ellos	彼らは
	ella	彼女は	ellas	彼女たちは
	usted	あなたは	ustedes	あなたたちは

◆ 女性複数の nosotras、vosotras、ellas は、全員女性の場合に用いられる。男性複数の nosotros、vosotros、ellos は、男女が混じる場合にも用いられる。

◆ 2 人称の tú、vosotros は親しい間柄で用いられる。

◆ 目前の対話の相手でも、初対面、目上の相手などは 3 人称で扱う。その場合に用いられる代名詞が usted（=Ud.=Vd.）、ustedes（=Uds.=Vds.）である。

II 規則活用の動詞（直説法現在）　　◁)) 15

hablar（-ar 動詞） ←不定詞（原形）

話す		
yo hablo	nosotros hablamos	←活用形
tú hablas	vosotros habláis	
él habla	ellos hablan	

同型の動詞（-ar 動詞）

estudiar 勉強する　comprar 買う
tomar 取る　andar 歩く　lavar 洗う
llamar 呼ぶ　trabajar 働く

◆ 不定詞（原形）の語尾は -ar、-er、-ir のうちのいずれかである。

◆ 不定詞から語尾を取り除いた部分（habl-）を語幹と呼ぶ。

◆ 語幹は変化しない。活用語尾は主語の人称、数に合わせて変化する。活用語尾は同型の動詞に共通に適用される。
yo estudio 私は勉強する

◆ 主格人称代名詞は省略され、活用形だけで用いられることがある。

comer（-er 動詞）

食べる	
como	comemos
comes	coméis
come	comen

beber 飲む　correr 走る　leer 読む
vender 売る　creer 信じる　aprender 学ぶ

vivir（-ir 動詞）

住む	
vivo	vivimos
vives	vivís
vive	viven

subir 登る　escribir 書く　asistir 参加する
abrir 開ける　recibir 受け取る

Leemos un libro.　　Suben a la montaña.

III 疑問文（1）全体疑問文（はい・いいえで答える）　　◁)) 16

¿Tú hablas español?　　¿Hablas tú español?　　¿Hablas español?
Sí, hablo español un poco.　　No, no hablo español.

1. 以下の動詞の直説法現在の活用形を書きなさい。(2.、3. は主語を省くこと)

1. tom<u>ar</u>

   yo _____   nosotros _____

   tú _____   vosotros _____

   él _____   ellos _____

2. aprend<u>er</u>   3. abr<u>ir</u>

   1人称 _____ _____   _____ _____

   2人称 _____ _____   _____ _____

   3人称 _____ _____   _____ _____

2. 指示された人称の直説法現在の活用形を書きなさい。

1. estudi<u>ar</u>   → nosotros   _____

2. beb<u>er</u>   → ella   _____

3. vend<u>er</u>   → tú   _____

4. compr<u>ar</u>   → usted   _____

5. asist<u>ir</u>   → yo   _____

6. cre<u>er</u>   → ella y yo   _____

7. escrib<u>ir</u> → ellos y tú   _____

8. corr<u>er</u>   → Ignacio y vosotros _____

3. 質問に対する答えを完成させ、訳しなさい。

1. ¿Compran Uds. las revistas en el quiosco? —Sí, _____ las revistas.

2. ¿Aprendes italiano? —No, no _____ italiano.

3. ¿Vivís en Tokio? —No, no _____ en Tokio.

   Pero Isabel _____ en Tokio.

4. ¿Aquí esperamos un taxi? —Sí, ustedes _____ aquí.

5. ¿No corren Isabel y usted en el campo? —Sí, _____ en el campo.

LECCIÓN 4

I 形容詞 🔊 17

❶ 形式…修飾する名詞の性数と一致する

男性単数が **-o** の語尾

	単数形	複数形
男性形	negro 黒い	negros
女性形	negra	negras

男性単数が **-o** 以外の語尾

単数形	複数形
grande 大きい	grandes
grande	grandes

単数形	複数形
fácil 簡単な	fáciles
fácil	fáciles

❷ 形容詞の定位置は名詞のうしろである

un coche blanco 一台の白い車   las mesas nuevas それらの新しいテーブル

◆ 名詞の**まえ**でよく用いられる形容詞　bueno 良い　malo 悪い　mucho 沢山の　など
buena（mala）noticia 良い（悪い）知らせ
ただし buen（mal）＋男性名詞単数：buen（mal）tiempo 良い（悪い）天気

◆ 名詞の**まえ**と**うしろ**で意味が変わることがある形容詞
bicicleta nueva 新しい自転車 /nueva bicicleta 今度の自転車　niño pobre 貧しい子 /pobre niño 可哀そうな子
hombre grande 大きな男 /gran hombre 偉大な男（gran ＋単数名詞）

II 動詞 ser 🔊 18

❶ 直説法現在の活用形

ser

～である			
yo	soy	nosotros	somos
tú	eres	vosotros	sois
él	es	ellos	son

◆ be 動詞に相当する ser は、後続する要素と結びついて意味を成すのを基本とする

❷ おもな用法

1. 主語 + **ser** +名詞　　主語との同一性

   Madrid es la capital de España.　　Tú eres estudiante.　*Tú eres una estudiante seria.

2. 主語 + **ser** +形容詞（主語と性数一致）　　主語の性質、性格

   Ellos son alegres.　　Sois simpáticas.　　Los coches son caros.

3. 主語 + **ser de** +名詞　　主語の素材、所属（所有）、出身

   Las mesas son de madera.　　El reloj es de Pedro.　　Somos de Perú.

4. 一般動詞として「（行事が）起こる」の意味で

   El partido es en un estadio de Barcelona.

III 疑問文（2）部分疑問文（疑問詞を用いる） 🔊 19

¿Qué ocurre aquí?　　¿Qué leéis?　　　　　　¿Qué libros leéis?

¿Quién espera aquí?　¿De quién es esta pluma?　—Es de Alberto.

¿Cuándo estudiáis?　¿Dónde vives?　　　　　¿Cómo es la comida?

¿Cuánto es?　　　　¿Cuántas lenguas hablan?　¿Cuál de las revistas leéis?

14

1. カッコ内の形容詞を正しい形式に変えて、訳しなさい。

1. una naranja (pequeño   )
2. unas motos (grande   )
3. una niña (inteligente   )
4. los diccionarios (útil   )
5. el chico (alegre   )
6. los zapatos (caro   )
7. Hay (mucho   ) gente en la plaza.
8. Las mesas son (nuevo   ).
9. (todo   ) las casas son blancas.
10. Los bolígrafos son (malo   ).

2. 以下の句の単数は複数に、複数は単数に書き換えて、訳しなさい。

1. unos jóvenes alegres   →
2. los cantantes famosos   →
3. las estaciones cercanas   →
4. un día feliz   →
5. una novela difícil   →
6. las grandes mujeres   →
7. una revista deportiva   →
8. unos buenos cuadros   →

3. 下線部に ser の直説法現在の活用形を用いて対話文を完成させ、訳しなさい。

1. ¿ _____ vosotros soldados?

   —No, nosotros _____ bomberos.

2. ¿De dónde _____ (tú)?

   — _____ de Tokio. Yo _____ turista.

3. ¿De quién _____ las gafas de sol?

   — _____ de Luisa.

4. ¿Cómo _____ los profesores de la universidad?

   —Ellos _____ muy amables.

5. ¿Cuándo _____ la final del campeonato?   * del (de + el)

   — _____ hoy en el estadio.

◆ 参考　alto 高い － bajo 低い　　cercano 近くの － lejano 遠くの　　caro 高価な － barato 安い
serio まじめな － gracioso 面白い　　viejo 年老いた － joven 若い（名詞も同形）　　amable 親切な

I 所有形容詞前置形

🔊 20

「だれだれの」を意味する形容詞で、名詞の前に置いて用いる。

	単数		複数	
1人称	mi(s)	私の	nuestro(s), nuestra(s)	私たちの
2人称	tu(s)	君の	vuestro(s), vuestra(s)	君たちの
3人称	su(s)	彼 / 彼女 / あなたの	su(s)	彼ら / 彼女ら / あなたがたの

◆ 後続の名詞との数の一致がある。nuestro, vuestro には性数の一致がある。

mi hijo 私の息子　mis hijos 私の息子たち　nuestro hijo 私たちの息子　nuestros hijos 私たちの息子たち

mi hija 私の娘　nuestra hija 私たちの娘　su perro 彼 / 彼女 / あなた / 彼ら / 彼女ら / あなたがたの犬

II 動詞 estar

🔊 21

❶ 直説法現在の活用形

estar

～である（状態）、いる、ある			
yo	estoy	nosotros	estamos
tú	estás	vosotros	estáis
él	está	ellos	están

◆ be 動詞に相当するのがスペイン語では ser とこの estar であり、これも同様に後続の要素と結びついて意味を成す。

❷ 基本的用法

1. 主語＋ **estar** ＋形容詞（主語と性数一致）… 主語の状態

   Mis zapatos están sucios.　　Estoy enamorado de su hermana.

   ¿Estáis ocupadas?　—No, estamos libres.

◆ この構文で用いられる形容詞は状態を表すものに限られ、ser ＋形容詞が表す性質・性格とは区別される。

2. 主語＋ **estar** ＋場所の表現（どこどこに）

   … 主語（特定の名詞：定冠詞付き名詞、固有名詞、主格人称代名詞など）の所在（いる・ある）

• estar ＋ **en**（前置詞）＋場所　～に

   ¿Dónde estáis (vosotros)?　—Estamos en la estación.

   Mis padres están en Barcelona.　　Londres está en Inglaterra.

• estar ＋場所の副詞　**aquí** ここに、**ahí** そこに、**allí** あそこに、**detrás**（de ～）（～の）うしろに、

   delante（de ～）（～の）前に、**cerca**（de ～）（～の）近くに、**lejos**（de ～）（～から）遠くに

   ¿Dónde está tu bicicleta?　—Mi bicicleta está aquí / ahí / allí.

   El hotel está detrás / delante de la catedral.

   Nuestra compañía está cerca / lejos del aeropuerto.

◆ hay との相異
   ¿Qué hay en la nevera? —Hay **unas fresas** en la nevera. 不特定の名詞があるかないか
   ¿Dónde están las fresas? —**Las fresas** están en la nevera. 特定の名詞がどこにあるか

1. 適切な所有形容詞前置形を用いなさい。

1. 私たちの娘たち　　　　　(　　　　　　　　　) hijas

2. 私のネクタイ　　　　　　(　　　　　　　　　) corbatas

3. 君の街　　　　　　　　　(　　　　　　　　　) ciudad

4. 彼のパスポート　　　　　(　　　　　　　　　) pasaporte

5. 君たちの母　　　　　　　(　　　　　　　　　) madre

6. 私たちの両親　　　　　　(　　　　　　　　　) padres

7. 彼らの国　　　　　　　　(　　　　　　　　　) país

8. 彼女の本　　　　　　　　(　　　　　　　　　) libros

2. ser または estar の直説法現在の活用形を用いて文を完成させ、訳しなさい。

1. El café ya _____ frío.

2. Las bicicletas de la tienda no _____ baratas.

3. La niña _____ inteligente.

4. Yo _____ muy contenta con el resultado del partido.

5. Ahora su habitación _____ muy limpia.

6. El edificio del ayuntamiento no _____ alto.

7. ¿_____ (vosotras) enfermas?　—No, _____ cansadas.

8. ¿Cómo _____ (tú)?

　— _____ muy bien, pero yo todavía _____ nervioso.

9. Mis perros _____ muy fieles. ¿Cómo _____ tu perro?

10. Madrid _____ en España y _____ la capital del país.

3. estar の直説法現在の活用形または hay を用いて文を完成させ、訳しなさい。

1. _____ un aparcamiento detrás de mi casa.

2. ¿Dónde _____ el mercado?

　— _____ cerca de la Plaza Mayor.

3. Su universidad _____ en el centro de la ciudad.

4. Perdone, ¿dónde _____ los servicios?

　—No _____ servicios en la plaza del pueblo.

5. En nuestra ciudad _____ dos estaciones.　Una _____

　delante del gimnasio y la otra _____ al lado del centro comercial.

* ここの una と la otra は特定の語 (estación) を受ける代名詞として用いられている。

I 1人称単数のみ不規則な活用の動詞（直説法現在） 🔊 22

poner

置く	
pongo	ponemos
pones	ponéis
pone	ponen

✦ poner の1人称単数は *pono ではなく、規則的ではない独自の形式（pongo）が用いられる。

✦ 1人称単数以外は規則活用である。即ち語幹（pon-）＋規則的な活用語尾。

同型の動詞（カッコ内は1人称単数）

salir	(salgo)	出かける	hacer	(hago)	する、作る	traer	(traigo)	持ってくる
conocer	(conozco)	知る	producir	(produzco)	生産する	traducir	(traduzco)	翻訳する
saber	(sé)	知る	dar	(doy)	与える	ver	(veo)	見る

II 他動詞＋ a ＋特定の人の直接目的語 🔊 23

Buscamos la bicicleta / unas secretarias.

Buscamos a las secretarias / a Alberto.

Aquí espero al secretario.

* al (a + el)

III 動詞 conocer と saber 🔊 24

❶ conocer は体験したうえで「知る」。場所や人の直接目的語が多い。

No conozco Colombia.　　　　　私はコロンビアを（体験上）知らない（→行ったことがない）。

¿Conoces a la hermana de José?　君はホセの妹を知ってますか（→と知り合いですか）？

❷ saber の基本的な意味は知識として「知る」。

¿Saben ustedes la noticia del accidente?

¿Sabes conducir la moto?

✦ saber ＋不定詞で、「～する能力がある（→できる）」。

IV 地名に由来する形容詞…女性形の語尾に -a を用いることが多い 🔊 25

	単数形	複数形		単数形	複数形		単数形	複数形
男性	italiano	italianos		español	españoles		japonés	japoneses
女性	italiana	italianas		española	españolas		japonesa	japonesas

イタリア (Italia) の　　　　　　　スペイン (España) の　　　　　　日本 (Japón) の

alemán / alemana　ドイツ (Alemania) の　　　portugués / portuguesa　ポルトガル (Portugal) の

francés / francesa　フランス (Francia) の　　　mexicano / mexicana　メキシコ (México) の

inglés / inglesa　イギリス (Inglaterra) の　　　estadounidense（男女同形）　アメリカ合衆国 (Estados Unidos) の

una comida francesa　　　　　　Ellas son españolas.

✦ 名詞として用いられると、「～人、～語」（男性単数）の意味になる

Los japoneses ven la película española.　¿Hablas español? —Sí, hablo español un poco.

1. 以下の動詞の直説法現在の活用形を書きなさい。

1. hacer

   1人称 _____ _____

   2人称 _____ _____

   3人称 _____ _____

2. conocer

   _____ _____

   _____ _____

   _____ _____

3. dar

   1人称 _____ _____

   2人称 _____ _____

   3人称 _____ _____

4. saber

   _____ _____

   _____ _____

   _____ _____

2. カッコ内の不定詞を適切な形式に活用させ、訳しなさい。

1. Ellos no (conocer) _____ Japón.

2. Yo (traer) _____ los periódicos de Estados Unidos.

3. Tú (ver) _____ al anciano en la cafetería del pueblo.

4. Alejandro no (saber) _____ nadar.

5. Ellas y tú (hacer) _____ unas preguntas.

3. 質問に対する答えを完成させ、訳しなさい。

1. ¿Dónde pones la pluma? — _____ la pluma en la mesa.

2. ¿Cuándo dan los caramelos? —Ellos no _____ los caramelos pero yo sí, en la merienda.

3. ¿Quién traduce las cartas de la compañía?

   —Yo _____ las cartas.

4. ¿Cómo hacéis la paella? — _____ la paella con los españoles.

5. ¿Cuándo sales de casa? — _____ de casa muy temprano.

6. ¿Qué película vemos el sábado?

   —Uds. _____ una película mexicana.

◆ el ＋曜日で「～曜日に」。前置詞は不要。

　　lunes 月曜　　martes 火曜　　miércoles 水曜　　jueves 木曜　　viernes 金曜　　sábado 土曜　　domingo 日曜

　　los lunes (～ viernes)　　los sábados　　los domingos

I　指示形容詞（この・その・あの）**と指示代名詞**（これ・それ・あれ）　　🔊 **26**

❶ 指示形容詞は名詞の前において用いる。性数一致を必要とする。

	単数	複数
男性	este	estos
女性	esta	estas
	この	これらの

	単数	複数
男性	ese	esos
女性	esa	esas
	その	それらの

	単数	複数
男性	aquel	aquellos
女性	aquella	aquellas
	あの	あれらの

Estos relojes son de Suiza.　　　　　¿Conoces a aquel hombre?

Esa toalla está muy limpia.　　　　　¿De quién es este bolígrafo?

❷ 指示代名詞は指示形容詞と同形であるが、代名詞なので単独で用いる。中性形もある。

	単数	複数
男性	este	estos
女性	esta	estas
中性	esto	—
	これ	これら

	単数	複数
男性	ese	esos
女性	esa	esas
中性	eso	—
	それ	それら

	単数	複数
男性	aquel	aquellos
女性	aquella	aquellas
中性	aquello	—
	あれ	あれら

Este es mi hermano y aquellas son mis primas.

Ahí hay un escaparate.　En ese hay una pluma.　Compro esa a mi novia.

✦ 中性形は性の分らないものや、先行する文の内容を受ける。¿Qué es esto? — (Esto) es un regalo.

II　語幹母音変化動詞（直説法現在）　　🔊 **27**

pensar (e → ie 型)

考える	
pienso	pensamos
piensas	pensáis
piensa	piensan

cerrar 閉める　　　encender 点火する　　querer 欲する

comenzar 始める　　entender 理解する　　advertir 知らせる

empezar 始める　　perder 失う　　　　　sentir 感じる

✦ × penso ◎ pienso　本来変化しないはずの語幹の母音が、決まった人称で変化する。

✦ 語幹母音が変化しない人称にも注目。

✦ 語尾は -ar、-er、-ir の規則活用（Lec.3）のものを用いる。

contar (o → ue 型)

語る	
cuento	contamos
cuentas	contáis
cuenta	cuentan

almorzar 昼食を食べる　　poder (＋不定詞) 〜できる　　dormir 眠る

costar お金がかかる　　　soler (＋不定詞) いつも〜する　morir 死ぬ

encontrar 見つける　　　mover 動く

recordar 思い出す　　　　volver 戻る

✦ 唯一の u → ue 型：jugar 遊ぶ
　juego　juegas　juega　jugamos　jugáis　juegan

servir (e → i 型)

役立つ	
sirvo	servimos
sirves	servís
sirve	sirven

corregir 訂正する　　medir 測る　　repetir 繰り返す

elegir 選ぶ　　　　　pedir 頼む　　seguir (〜の) 後に続く

* -ir 動詞のみ

1. 以下の文を指示に従って全体を書き換え、訳しなさい。

1. Esta <u>novela</u> es fácil. (novela を複数形に)

2. Aquellas <u>camisas</u> están sucias. (camisas を sombrero に)

3. Este <u>reloj</u> es caro pero esos son baratos. (reloj を corbata に)

2. 以下の動詞の直説法現在の活用形を書きなさい。

1. **empezar**

　　1人称 _____ _____

　　2人称 _____ _____

　　3人称 _____ _____

2. **querer**

　　_____ _____

　　_____ _____

　　_____ _____

3. **poder**

　　1人称 _____ _____

　　2人称 _____ _____

　　3人称 _____ _____

4. **repetir**

3. カッコ内の不定詞を適切な形式に活用させ、訳しなさい。

1. Yo (pensar) _____ hacer comida mexicana esta tarde.

2. Vosotros no (entender) _____ mis explicaciones.

3. ¿(querer, tú) _____ tomar algo?

　　—Sí, (querer) _____ tomar una copa de vino.

4. ¿(volver) _____ alguien esta semana?

5. Mi hermano y su esposa (saber) _____ conducir el coche pero hoy no

　　(poder) _____ . Hoy yo no (poder) _____ conducir tampoco.

6. Ella y yo (soler) _____ comprar el periódico en este quiosco.

7. Esos diccionarios (servir) _____ mucho para el viaje.

8. Al salir de la clase los alumnos (empezar) _____ a jugar al fútbol.

　　　　　　　　　　　　　　　　　　　　* al ＋不定詞：「〜するときに」

9. Estos niños siempre (jugar) _____ a la pelota en aquella calle.

10. Los jóvenes (pedir) _____ dinero a sus padres.

11. Un perro vagabundo (seguir) _____ a las niñas.

LECCIÓN 8

I 所有形容詞後置形と所有代名詞 🔊 28

❶ 所有形容詞（だれだれの）後置形は、名詞のうしろ、**ser** のうしろで用いられる。男性単数形の語尾はすべて **-o** で、名詞と性数一致した形式を用いる。

	単数		複数	
1人称	mío(s), mía(s)	私の	nuestro(s), nuestra(s)	私たちの
2人称	tuyo(s), tuya(s)	君の	vuestro(s), vuestra(s)	君たちの
3人称	suyo(s), suya(s)	彼 / 彼女 / あなたの	suyo(s), suya(s)	彼ら / 彼女ら / あなたがたの

una bicicleta mía   unos lápices tuyos   esta ciudad vuestra

los diccionarios suyos   estas cosas nuestras   dos billetes suyos

Estos asientos son nuestros.

¿De quién es esta corbata? —Es mía.

❷ 所有代名詞（だれだれのもの）… 定冠詞（**el, la, los, las**）＋所有形容詞後置形の 2 語で表す。

Mis camisas son caras pero las tuyas son baratas.

Su pasaporte está aquí pero el mío está en el hotel.

II 目的格人称代名詞 🔊 29

❶ 直接目的格人称代名詞（〜を）

	単数	複数
1人称	me	nos
2人称	te	os
3人称	lo (le) 男性 la 女性 lo 中性	los 男性 las 女性

❷ 間接目的格人称代名詞（〜に／〜から）

	単数	複数
1人称	me	nos
2人称	te	os
3人称	le	les

❸ 位置…活用形の直前に置く。不定詞の場合にはうしろに付けて一語にする。

Aquí te esperamos. 君を   Te regalo mi reloj. 君に   Pienso esperarlas. 彼女たちを

¿Compras las flores? —Hoy no las compro pero suelo comprarlas los domingos.

✦ 目的語が 2 つある場合には、間接目的語は通常「人」、直接目的語は「モノ」を表す。

✦ 直接目的格の 3 人称は「人」、「モノ」いずれを受けても同形を用いる。ただし男性形単数では人の場合に le を用いることが認められている。
   La compro.（それを） **Lo** compro.（それを） **La** espero.（彼女を・あなたを） **Lo (Le)** espero.（彼を・あなたを）

✦ 中性の lo は前文の内容や、ser、estar の補語を受ける。¿Ellas viven aquí? —No lo sé.（文内容）
   ¿Es millonaria tu abuela? —No, no lo es.（補語） ¿Estáis cansadas? —No, no lo estamos.（補語）

❹ 目的格代名詞を 2 つ用いる場合には間接−直接の順。両方とも 3 人称の場合には、間接目的格の **le, les** を **se** にする。

Te doy estas rosas.   → Te las doy. Quiero dártelas.

Le regalamos este ordenador. → Se lo regalamos. Podemos regalárselo.

¿Escriben Vds. cartas a sus hijos? —Sí, se las escribimos.

1. 適切な所有形容詞後置形を用いなさい。

1. 私の　　　esta copa (　　　　　)
2. 君たちの　la historia (　　　　　)
3. 私たちの　unos bolígrafos (　　　　　)
4. 彼の　　　tres obras (　　　　　)
5. 君の　　　un sombrero (　　　　　)
6. 彼女たちの esos regalos (　　　　　)

2. 以下の文を指示に従って全体を書き換え、訳しなさい。

1. ¿Es tuyo ese reloj?　—Sí, este reloj es mío.

   （reloj を gafas に）　　→ _____

2. ¿Son suyas estas tijeras?　—No, no son mías. Las mías están aquí.

   （tijeras を móvil に）　　→ _____

3. ¿Es de Carmen este caramelo?　—No, no es suyo. El suyo está en la mesa.

   （caramelo を複数に）　　→ _____

3. 下線部の語を代名詞にして文を書き換え、訳しなさい。

1. Llamo a mi novia todas las noches. →
2. Ellas ven a Luis los fines de semana. →
3. Escribís una carta a las amigas vuestras. →
4. Regalamos una casa a nuestros padres. →

4. カッコ内には代名詞、下線部には動詞形を用いて対話文を完成させ、訳しなさい。

1. ¿Nos traes las pilas alcalinas?

   —Sí, (　　　　) (　　　　) _____.　　　　*2人称の相手に

2. ¿Dais una propina al taxista en vuestro país?

   —Normalmente no (　　　) (　　　) _____.

3. ¿Cuándo regalan este juguete a su hijo?

   —Ellos (　　　) (　　　) _____ en su cumpleaños.

4. ¿Me prestas estas revistas?

   —No, no (　　　) (　　　) _____.　　　　*2人称の相手に

5. ¿Aquí esperamos un taxi? —Sí, (　　　　) _____ aquí.

6. ¿Les enseñas el número de tu móvil?

   —No, no (　　　) (　　　) _____.

7. ¿Es buena cocinera tu hermana? —No, no (　　　) _____.

8. ¿Quién os invita a la fiesta? —(　　　　) _____ una amiga tuya.

9. ¿Te esperamos aquí? —No, no (　　　) debéis esperar.

LECCIÓN 9

I 基数 16 〜 29　　🔊 30

16 diec*iséis*	19 diecinueve	22 veintidós	25 veinticinco	28 veintiocho
17 diecisiete	20 veinte	23 veintitrés	26 veintiséis	29 veintinueve
18 dieciocho	21 veintiuno	24 veinticuatro	27 veintisiete	

II 時間の表現　　🔊 31

❶ 〜時です　es la ＋時（1 時台）、son las ＋時（2 時台以降）

¿Qué hora es?　—Son las tres.　Es la una y cinco.　Son las once y media.

Son las dos y cuarto.　Son las once menos tres de la noche.

Son las siete en punto.　Son alrededor de las tres y media en México.

❷ 〜時に（〜する）　文＋ a la(s) ＋時

La clase empieza a las nueve y veinte de la mañana.

¿A qué hora sale el próximo autobús?　—Sale a eso de las siete.

III 5 つの不規則活用の動詞（直説法現在）　　🔊 32

tener		venir		decir		oír		ir	
持つ		来る		言う		聞く		行く	
tengo	tenemos	vengo	venimos	digo	decimos	oigo	oímos	voy	vamos
tienes	tenéis	vienes	venís	dices	decís	oyes	oís	vas	vais
tiene	tienen	viene	vienen	dice	dicen	oye	oyen	va	van

Yo no tengo corbatas.　Tenemos frío / calor / hambre / dolor de cabeza.　🔊 33

Hoy tenéis que entregar los papeles.　　* tener que ＋不定詞「〜しなければならない」

Mis amigos siempre vienen a mi casa cuando tengo que estudiar.　* cuando ＋節「〜する時」

¿Por qué no vienes a tomar una copa en el bar?　　* venir a ＋不定詞「〜しに来る」

Yo siempre te digo la verdad pero tú no me la dices nunca.　　* nunca「決して〜ない」

Oigo muy bien la canción de los niños.　Las paredes oyen.

¿A dónde vais los domingos? —Vamos a la iglesia por la mañana y después al cine.

Ustedes van a cenar aquí, ¿verdad?　　* ir a ＋不定詞　「〜しようとする、〜するつもりだ（近接未来）」

Vamos a escuchar música clásica.　　* vamos a ＋不定詞　「〜しましょう（勧誘）」

IV 接続詞 que ＋節　　🔊 34

Oigo que hay muchos monumentos históricos en tu país.

Veo que estáis ocupadas.

¿De dónde viene este avión? — Creo que viene de Londres.

¿Sabes que la actriz vive en esta ciudad?

Dicen / Parece que estás enamorada de Javier.

EJERCICIO 9

1. 以下の時刻をスペイン語で表しなさい。

1. 何時ですか？ ¿( ) ( ) ( )?

2. 3 時 10 分です。 ( ) las ( ) ( ) diez.

3. 2 時ちょうどです。 ( ) las dos ( ) ( ).

4. 午後 10 時 56 分です。

   ( ) las ( ) ( ) cuatro de la ( ).

5. スペインでは午前 12 時 45 分です。

   En España ( ) la ( ) ( ) cuarto de la mañana.

6. ブエノスアイレスでは 6 時半頃です。

   Son ( ) de las seis y ( ) en Buenos Aires.

2. 以下の各文の主語を指示された語に変えて書き換え、訳しなさい。

1. ¿De dónde vienen ustedes? (vosotros に) →

2. Estos niños siempre dicen mentiras. (tú に) →

3. ¿Cuántos años tienes? (tu hermana に) →

4. Siempre oímos música latina en aquella tienda. (yo に) →

5. Voy a Shibuya a ver una película. (ellos に) →

3. カッコ内の不定詞を適切な形式に活用させ、訳しなさい。

1. ¿Cuántos hermanos (tener, tú) _____?

   —No (tener) _____ hermanos. Yo (ser) _____ hijo único.

2. ¿Ya (venir, ellos) _____ al restaurante?

   —Todavía no, porque ellos (tener) _____ que trabajar hasta las ocho de la tarde.

3. Estos estudiantes siempre (decir) _____ cosas graciosas.

4. (oír, nosotros) _____ que vosotros (ir) _____ a México a estudiar. ¿Es verdad?

5. A dónde (ir) _____ ustedes este verano?

   —(querer) _____ viajar por Latinoamérica.

   Pero antes (tener) _____ que ahorrar dinero.

6. Hoy (ir, yo) _____ a ver vuestros DVDs.

   —¿Ah sí?, pero no (tener, usted) _____ que devolvérnoslos todavía.

Ⅰ 前置詞と名詞・代名詞　　　🔊 35

❶ 前置詞＋名詞（句） ＊名詞句の**前**に**置**く品**詞**が、前置詞。

Esta es la carta para José / mi hija / la oficina.

No creo en el amor / tus palabras.

❷ 前置詞＋代名詞（前置詞格人称代名詞） ＊mí、ti 以外は、主格人称代名詞と同形。

Esta es la carta para mí (✕ yo) / ti (✕ tú) / él / ella / nosotros.

Ahí las señoras hablan de ti / usted.　Creo que ellas no confían en mí.

Parece que los niños quieren salir con nosotros / conmigo / contigo.

✦ con + mí → conmigo　con + ti → contigo

❸ a ＋間接目的語（だれだれに）

Le regalamos esta muñeca a ella.　＊前置詞格が間接目的語の場合、間接目的格（le）を重複させる。

(Le) Regalamos esta muñeca a tu hija.　＊名詞句が間接目的語の場合には、le は任意。

A ella / A tu hija le regalamos esta muñeca.　＊間接目的語が動詞に先行する時、le を重複。

Ⅱ gustar 型動詞の構文…独自の語順と必須の要素に注意　　🔊 36

Me　gusta　el café.

私に　　気に入る　コーヒーが（主語）　→ 私はコーヒーが好きだ。

間接目的格人称代名詞（上の例だと me）は必須。主語は後置。

Me / Te / Nos / Os gustan los deportes.

Le gusta ver el partido de fútbol.　＊le は誰を指すのかあいまい。

間接目的格代名詞の明確化のために、a ＋間接目的語を先行させることもある。

A José / A él le gusta jugar al golf.

A mí me gusta mucho la música clásica.　—A mí también.

✦ その他の gustar 型動詞：apetecer doler encantar importar

Ⅲ 不定語と否定語　　　🔊 37

❶ algo 何か - nada 何も　alguien 誰か - nadie 誰も ＊代名詞として用いられる。

¿Quieres beber algo?　—No, no quiero beber nada.

¿Hay alguien en el patio?　—No, no hay nadie. Nadie puede entrar en el patio.

❷ alguno(s), alguna(s) 誰か - ninguno(s), ninguna(s) 誰も（～ない）

Algunos de los turistas quieren visitar la bodega.　cf. Alguien quiere visitar la bodega

形容詞としても用いられる。その場合「何らかの～」、「1つの～も（～ない）」の意味。語尾脱落形に注意。

¿Hay alguna cafetería por allí?　　¿Hay algún restaurante bueno por aquí?

No hay ninguna información sobre la ciudad.　No encuentro ningún taxi por aquí.

1. gustar 型動詞の不定詞を活用させ、訳しなさい。[　]には適切な代名詞を用いること。

1. A [　　　] no nos (gustar) ＿＿＿＿＿＿＿＿ mucho esta película.

2. Parece que a mis padres [　　　] (encantar) ＿＿＿＿＿＿ estar con sus nietos.

3. ¿Te (importar) ＿＿＿＿＿＿＿＿ venir conmigo al supermercado?

   —No, ahora estoy libre.

4. ¿Os (apetecer) ＿＿＿＿＿＿＿＿＿ jugar al fútbol?

5. Creo que a Alejandro [　　　] (doler) ＿＿＿＿＿＿＿ las piernas.

6. ¿A [　　　] te (gustar) ＿＿＿＿＿＿＿＿ las comidas españolas?

7. ¿A [　　　] os (gustar) ＿＿＿＿＿＿＿＿ las novelas de esta escritora?

   —Sí, [　　　] (encantar) ＿＿＿＿＿＿＿＿ sus obras.

2. 不定詞を活用させて訳しなさい。[　]には適切な代名詞を用いること。

1. A ustedes [　　] (ir, nosotros) ＿＿＿＿＿＿＿ a enviar unos paquetes.

2. Vosotros [　　] la (tener) ＿＿＿＿＿＿＿ que confesar a vuestros tíos.

3. Dicen que Kenta (pensar) ＿＿＿＿＿＿ viajar por Cuba. A [　　] me parece

   que a él [　　] (interesar) ＿＿＿＿＿＿＿＿ la música latinoamericana.

4. A las ancianas siempre [　　] compro las flores allí. *para las ancianas と比較しなさい。

3. カッコ内に適切な不定語、否定語を用い、訳しなさい。

1. No hay (　　　　　　) necesidad de ver este programa.

2. ¿Queréis tomar (　　　　　) después de la clase?

   —No, no queremos tomar (　　　　　), gracias.

3. ¿Viene (　　　　) por la tarde?

   —Sí, creo que viene mi amigo. / —No, (　　　　　) viene.

4. (　　　　　　) de mis amigas saben conducir la motocicleta.

5. ¿Sabe usted si hay (　　　　) banco cerca de la estación?

   —Lo siento, no hay (　　　　).

6. Tengo que decirte (　　　　) muy importante.

7. No participa (　　　　) de las estudiantes en la conferencia.

I 再帰動詞（1）…基本的な用法・再帰代名詞とともに用いられる動詞　◁))) 38

levantarse

起きる			
yo	me levanto	nosotros	nos levantamos
tú	te levantas	vosotros	os levantáis
él	se levanta	ellos	se levantan

puedo levantarme	podemos levantarnos
puedes levantarte	podéis levantaros
puede levantarse	pueden levantarse

◆ 再帰代名詞は主語の人称、数と同じものを用いる。位置は目的格人称代名詞の場合と同じ。

◆ puedo levantarme = me puedo levantar（やや口語的）

❶ 再帰代名詞が「自身を」の意味となる場合（直接再帰）　◁))) 39

Yo levanto una piedra grande.　*levantar（他動詞）～を起こす

Yo me levanto a las seis.　*levantarse（再帰動詞）自身を持ち上げる→起きる

Yo te miro en el espejo.　Tú te miras en el espejo. (mirarse)

Mónica y yo pensamos casarnos en junio. (casarse)

¿A qué hora te acuestas?　—Me acuesto a la una. (acostarse)

¿Cómo se llama tu profesora de español?　—Se llama Patricia. (llamarse)

❷ 再帰代名詞が「自身に」の意味となる場合（間接再帰）、直接目的語をとることができる。

Los chicos no se lavan las manos antes de comer. (lavarse)

Nos quitamos los zapatos en casa. (quitarse)

Vosotros no tenéis que poneros la corbata en la oficina pero yo voy a ponérmela.

(ponerse)

◆ 無強勢代名詞（目的格人称代名詞、再帰代名詞）が混在する場合の語順の優先順位は、se-2人称（te、os）-1人称（me、nos）-3人称（lo、la、los、las、le、les）である。

Nos los quitamos. (1-3)　Se las lavan. (se-3)　No tenéis que lavároslas. (2-3)

❸ 再帰動詞としてのみ用いられる動詞がある。

No me atrevo a hablar de eso. (atreverse)

Los espectadores se quejan del resultado del partido. (quejarse)

Mi hermana no se arrepiente de su matrimonio. (arrepentirse)

◆ 以上のように、基本的な用法の再帰動詞では、主語は大抵の場合人間である。

II 知覚・使役・放任の構文　◁))) 40

知覚	ver 見る	Vemos
知覚	oír 聞く	Oímos
使役	hacer させる	Hacemos
放任	dejar させておく	Dejamos

disputar　a los jóvenes.
不定詞　　　　人の直接目的語

De ordinario dejan andar a los niños pero a veces los hacen correr.

Veo llorar a Teresita.　La dejan llorar.

1. カッコ内の不定詞を適切に活用させ、訳しなさい。[　] には適切な代名詞を用いること。

1. Los jóvenes (afeitarse) [　　　] _____ por la mañana.

2. ¿Cómo (llamarse, tú) [　　　] _____ ?

   — [　　　] _____ Maite, encantada.

3. En la entrevista yo (ponerse) [　　　] _____ la chaqueta con corbata.

4. ¿A qué hora (acostarse, vosotros) [　　　] _____ ?

   — [　　　] _____ a las once y media.

5. Creo que Fernando (arrepentirse) [　　　] _____ de sus palabras.

6. ¿Dónde (quitarse, tú) [　　　] _____ la gorra?

   — [　　] [　　　] _____ en el templo.

2. 対話文を完成させ、訳しなさい。

1. ¿A qué hora os levantáis normalmente?

   —A las siete. Pero los miércoles tenemos que _____ a las cinco de la mañana.

2. ¿Cuándo te casas con tu novio?

   —Pues, la verdad es que no quiero _____ con él.

3. ¿Se ducha Keisuke antes de acostarse?

   —No. Creo que en su familia no puede _____ por la noche.

4. Estos estudiantes no se sientan en el tren, ¿verdad?

   —No, pero hoy van a _____ porque hay poca gente en el tren.

5. ¿Me tengo que lavar las manos antes de comer, mamá?

   —Claro, tienes que _____ muy bien. *las manos を代名詞にしなさい。

3. 下線部には動詞活用形、[　] には適切な語を用い、スペイン語の文を完成させなさい。

1. 私は妻に私の携帯電話を触らせない。

   Yo no _____ tocar mi móvil [　　　] mi mujer.

2. 彼の感動的な詩はいつも私たちを泣かせる。

   Sus poemas emocionantes siempre [　　　] _____ llorar.

3. 君のオートバイを運転させてくれませんか？

   ¿ [　　　] _____ conducir tu motocicleta?

4. 君たちが税金の不平を言うのを私は毎日聞いている。

   Todos los días [　　　] _____ quejaros del impuesto.

5. その先生は彼らが同じことを繰り返すのを毎年見ている。

   Cada año la maestra [　　　] _____ repetir la misma cosa.

I 再帰動詞（2）…派生的な用法　　*見た目は（1）と同じだが、再帰の意味にならない　🔊 41

❶ 受け身（〜は〜される）…人以外が主語、他動詞で形成。再帰受動文

Los niños se lavan.　　　　　人が主語（再帰）

Los coches se lavan.　　　　人以外（自動車）が主語（受け身）

Se lavan los coches.　　　　この用法では主語が後置されることがある

Se hablan cuatro lenguas en Suiza.

Esta novela se escribe en portugués.

✦ 再帰受動文の意味は辞書に記載されていないことが多いので、自分で意味を判断すること。

❷ 無人称（[人は]〜する）…se ＋動詞 3 人称単数形（自動詞 / 他動詞＋直接目的語）

Se tarda tres horas desde aquí hasta el aeropuerto.　　*tardar：（主語は）時間がかかる

Se vive bien en aquel pueblo.　　　Se habla cuatro lenguas en España.

Se dice que hay una huelga.　　　Se respeta a los ancianos.

✦ Respetan a los ancianos. 主語を特定しない 3 人称複数も無人称を表現する。

❸ 相互再帰（〜はお互いに〜しあう）…複数の人間の主語で表す

Los jóvenes respetan a los ancianos.（他動詞の文）

Los ancianos se respetan. / Se respetan los ancianos.（相互再帰）

Nosotros nos queremos como antes.

Mónica y tú ya no os odiáis una a otra.

Los muchachos se lavan mutuamente.（相互再帰）

Los muchachos se lavan a sí mismos.（基本的な用法「それぞれが洗う」）

✦ mutuamente、uno a otro は「お互いに」の意味を明確にする。「自身を」の意味の a sí mismo は、相互的な意味を排除し、再帰の意味の強化に用いられる。

❹ 強め（〜してしまう）…若干の転義の場合もあり

Los jóvenes beben / se beben una botella de vino.　　*beber と beberse

¿Ya os marcháis de aquí? —Sí, tenemos que marcharnos enseguida.　*marcharse de 〜

II 天候表現　　🔊 42

❶ 単人称動詞（3 人称単数でのみの活用）　llover nevar tronar

Hoy llueve.　　Nieva mucho.　　Truena mucho por aquí.

❷ hace ＋天候の名詞 … hacer を単人称として用いる

¿Qué tiempo hace en tu pueblo? —Hoy hace sol.

Hace mucho viento en invierno.

❸ está ＋天候の形容詞 … この estar も単人称として用いる

Ahora está despejado pero creo que va a estar nublado esta tarde.

1. [　] には再帰代名詞、下線部には動詞の活用形を用い、文を完成させて訳しなさい。（　）には「基本的な再帰」、「受け身」、「無人称」、「相互再帰」、「強め」のどの用法であるかを記入しなさい。

例　¿Cómo (irse) [se] _____va_____ a la estación de RENFE?　　　(無人称)

1. Desde este puente (verse) [　　　] _____ el monte Takao. (　　　)

2. Los novios a veces (verse) [　　　] _____ en este restaurante. (　　　)

3. Las alumnas (verse) [　　　] _____ a sí mismas en el espejo. (　　　)

4. ¿Ya (irse, tú) [　　　] _____?　—Sí, tengo que irme ya. (　　　)

5. En esta compañía (ayudarse) [　　　] _____ los empleados mutuamente.

　　　　　　　　　　　　　　　　　　　　　　　　　　　　　　(　　　)

6. En esta fábrica (necesitarse) [　　　] _____ una secretaria. (　　　)

7. Mi hermana mayor (llamarse) [　　　] _____ Laura. (　　　)

8. Nosotros (llamarse) [　　　] _____ por teléfono cada semana. (　　　)

9. En ese barrio no (respetarse) [　　　] _____ las leyes. (　　　)

10. En ese barrio no (respetarse) [　　　] _____ a los mayores. (　　　)

11. Estos jóvenes siempre (comerse) [　　　] _____ la tarta entera. (　　　)

12. (Decirse) [　　　] _____ que los vecinos de este pueblo ya no (odiarse)

　　　[　　　] _____ .　　　　　　　　　　　　　　(　　　)(　　　)

13. En esta carretera (venderse) [　　　] _____ los coches lujosos. (　　　)

2. 対応する日本語訳となるよう、下線部に当てはまる表現を用いなさい。

1. 東京はどんな天気ですか？

　　¿Qué tiempo _____ en Tokio?

　　冬にはあまり雪は降りません。そして夏はとても暑いです。

　　—No _____ mucho en invierno y hace mucho _____ en verano.

2. 日本では梅雨に約 2 か月の間雨が降る。

　　_____ durante casi dos meses en la temporada de lluvias en Japón.

3. 今日バルセロナでは風が吹いているが、オビエドでは晴れだ。

　　Hoy hace _____ en Barcelona pero está _____ en Oviedo.

4. この辺りでは今日の午後は寒い。

　　Esta tarde hace _____ por aquí.

5. 今夜雨が降りそうだ。

　　Parece que va a _____ esta noche.

I 直説法点過去 規則活用

❶ 規則的な形式（語幹＋点過去の語尾）

hablar
話す

hablé	hablamos
hablaste	hablasteis
habló	hablaron

comer
食べる

comí	comimos
comiste	comisteis
comió	comieron

vivir
住む

viví	vivimos
viviste	vivisteis
vivió	vivieron

✦ -er 動詞と -ir 動詞の語尾は共通である。

¿Hablaste con tu jefe ayer?　Mis padres vivieron dos años en Venezuela.

perder
失う

perdí	perdimos
perdiste	perdisteis
perdió	perdieron

acostarse
寝る

me acosté	nos acostamos
te acostaste	os acostasteis
se acostó	se acostaron

✦ 直説法現在形では不規則だが、点過去では規則活用である例。語幹母音変化動詞のうち、-ar 動詞と -er 動詞は、点過去では規則活用である（ただし poder と querer を除く）。

Perdí tu amor pero no me arrepiento.　El año pasado nevó mucho en esta región.

❷ 綴りに注意が必要な形式

creer
信じる

creí	creímos
creíste	creísteis
creyó	creyeron

ver
見る

vi	vimos
viste	visteis
vio	vieron

buscar
探す

busqué	buscamos
buscaste	buscasteis
buscó	buscaron

✦ 母音間の i→y。ver は ver の1、3人称単数は単音節語なので、アクセント記号は不要。

Llegué aquí a las seis.（×llegé）

Empecé a aprender la guitarra a los diez años.（ze→ce）

Oyeron un ruido extraño por ahí.　Parece que la anciana creyó en mis palabras.

II 語幹母音変化動詞（直説法現在）のうち -ir 動詞の点過去の活用

sentir
感じる

sentí	sentimos
sentiste	sentisteis
sintió	sintieron

dormir
眠る

dormí	dormimos
dormiste	dormisteis
durmió	durmieron

servir
役に立つ

serví	servimos
serviste	servisteis
sirvió	sirvieron

✦ 語尾は規則的だが、3人称（単数、複数）でのみ語幹母音変化がある。その型は e>i、o>u。

Creo que mi novia no me mintió.　Los niños siguieron a la maestra.

✦ 時を表す表現
ayer、anoche、anteayer、el domingo pasado、la semana pasada、el mes pasado、el año pasado

1. 以下の動詞の直説法点過去の活用形を書きなさい。

1. tomar
   - 1人称 _____ _____
   - 2人称 _____ _____
   - 3人称 _____ _____

2. leer
   - _____ _____
   - _____ _____
   - _____ _____

3. repetir
   - 1人称 _____ _____
   - 2人称 _____ _____
   - 3人称 _____ _____

4. morir
   - _____ _____
   - _____ _____
   - _____ _____

2. カッコ内の不定詞を適切な点過去形に活用させ、訳しなさい。

1. Anoche (llover) _____ mucho en este pueblo.

2. ¿Dónde (conocer, tú) _____ a tu novia?

   —La (conocer) _____ en México.

3. ¿A qué hora (acostarse, vosotros) _____ ayer?

   —(Acostarse) _____ a eso de las once.

4. ¿Te (gustar) _____ las comidas españolas?

   —Sí, mucho. Especialmente me (encantar) _____ la tortilla con jamón.

5. Anoche (oír, nosotros) _____ cantar a los jóvenes en la calle.

6. (Empezar, yo) _____ a jugar al béisbol a los seis años.

7. Parece que tú (morirse) _____ de hambre en la fiesta de anoche.

8. Ellas (ver) _____ a Luis la semana pasada.

9. Vuestro hijo (comerse) _____ la paella entera.

10. Ayer vosotros (repetir) _____ la sopa en el comedor universitario.

3. 下線部の語を点過去形に変え、訳しなさい。

1. Tú corres en el campo. →

2. Este diccionario sirve en el viaje. →

3. Siento un dolor extraño en la espalda. →

4. Mis gatos duermen en este sofá. →

5. En esta calle juego al fútbol con mis amigos. →

LECCIÓN 14

I 直説法点過去 不規則活用　🔊 45

❶ 形式（点過去用の語幹＋点過去不規則用の共通の語尾）

tener (tuv-)

持つ	
tuve	tuvimos
tuviste	tuvisteis
tuvo	tuvieron

poder (pud-)

～できる	
pude	pudimos
pudiste	pudisteis
pudo	pudieron

hacer (hic-)

する、作る	
hice	hicimos
hiciste	hicisteis
hizo (×hico)	hicieron

◆ 1、3人称単数形の語尾にはアクセントがない点が、規則活用とは異なっている。

poner (pus-)　　　andar (anduv-)　　　saber (sup-)　　　querer (quis-)

venir (vin-)　　　estar (estuv-)　　　haber (hub-)

Los refugiados anduvieron ocho horas a la frontera.

Hice dos preguntas a la ministra.

❷ j で終わる語幹の場合の注意　🔊 46

decir (dij-)

言う	
dije	dijimos
dijiste	dijisteis
dijo	dijeron

conducir (conduj-)

運転する	
conduje	condujimos
condujiste	condujisteis
condujo	condujeron

◆ 3人称複数の語尾が -eron となる点に注意。

　traducir (traduj-)　　traer (traj-)
　producir (produj-)

Sus mascotas les trajeron buena suerte.　　La compañía produjo las motos.

❸ 完全に不規則な点過去　🔊 47

ser / ir

～である / 行く	
fui	fuimos
fuiste	fuisteis
fue	fueron

dar

与える	
di	dimos
diste	disteis
dio	dieron

◆ ser と ir の点過去は共通の形式である。dar の語尾は規則活用の語尾（-er、-ir）である。

Ella fue una profesora muy seria.　　Ella fue a Sevilla con su familia.

II 時の経過を表す表現　🔊 48

hace ＋時＋ que ＋節「～前から～している（直説法現在）」「～前に～した（直説法点過去）」

Hace dos horas que vemos este programa.

Vemos esta película desde hace dos horas.

Hace una semana que la vimos.

III 価値判断を表す表現　🔊 49

ser の3人称単数（es, fue）＋形容詞＋不定詞「～することは～だ（だった）」

Es / Fue necesario restaurar la iglesia románica de la ciudad.

1. 以下の動詞の直説法点過去の活用形を書きなさい。

1. poner

ｌ人称 _____ _____

2 人称 _____ _____

3 人称 _____ _____

2. querer

_____ _____

_____ _____

_____ _____

3. traer

ｌ人称 _____ _____

2 人称 _____ _____

3 人称 _____ _____

4. estar

_____ _____

_____ _____

_____ _____

2. カッコ内の不定詞を適切な点過去形に活用させ、訳しなさい。

1. Las dos (ser) _____ buenas amigas durante su adolescencia.

2. ¿Quién (traer) _____ este paquete a tus abuelos?

3. (Ir, nosotros) _____ a esa región a jugar al golf.

4. ¿Cuándo (saber, tú) _____ la noticia de las inundaciones?

5. Ayer (tener, tú) _____ que trabajar hasta las ocho.

6. El presidente nos (hacer) _____ esperar en la rueda de prensa.

7. Los muchachos (conducir) _____ la camioneta hasta la playa.

8. Entonces no (poder, yo) _____ contestar inmediatamente.

9. ¿Crees que aquellas chicas (decir) _____ mentiras?

10. Hace dos meses que no (poder, nosotros) _____ vernos.

3. 下線部の語を点過去形に変え、訳しなさい。

1. Mis primos vienen a mi casa a ver los DVDs. →

2. Hay dos cines en el casco antiguo de la ciudad. →

3. Las señoras les dan agua a los soldados. →

4. Nuestra compañía está en Valencia. →

5. A decir verdad no quiero estar con ellas. →

6. Te digo la verdad. →

7. Vosotros os ponéis la chaqueta en la ceremonia. →

8. Traduzco esta carta comercial en francés. →

9. Es difícil estar allí a las dos. →

10. Silvia y tú vais de compras por la mañana, ¿no? →

Ⅰ 過去分詞（1） 🔊 50

❶ 規則的な形式…不定詞の語尾を変える

hablar → hablado   comer → comido   vivir → vivido

estar → estado   tener → tenido   ir → ido   leer → leído   oír → oído

✦ 過去分詞は動詞の変化形であるが、活用形と呼んではいけない。

❷ 不規則な形式

escribir → escrito   ver   → visto   decir → dicho   hacer → hecho

volver   → vuelto   poner   → puesto   abrir → abierto   cubrir → cubierto

romper → roto   imprimir → impreso   freír → frito   morir → muerto

Ⅱ 直説法現在完了 🔊 51

❶ 形式…助動詞 haber の直説法現在 + 過去分詞 (不変化)

hablar

話す	
he hablado	hemos hablado
has hablado	habéis hablado
ha hablado	han hablado

levantarse

起きる	
me he levantado	nos hemos levantado
te has levantado	os habéis levantado
se ha levantado	se han levantado

✦ 活用しているのは助動詞の haber なので、その前に再帰代名詞を置く。

❷ 用法 🔊 52

1. 現在までに完了した動作「～したところだ」

Ahora Maite ha salido de la oficina.

¿Has dicho algo? —No, no he dicho nada.

2. 現在までの継続「～してきた」

Ellos han sido amables contigo.

3. 現在までの経験「～したことがある」

He estado en Segovia una vez.

¿Has visto alguna vez una película española?

4. 現在が含まれる期間内の過去の出来事「～した」

Ayer visité el museo.   * ayer「昨日」= 現在が含まれない = 点過去

Este año he visitado el museo varias veces.   * este año「今年」= 現在が含まれる = 現在完了

¿A qué hora os habéis levantado esta mañana?

—Nos hemos levantado a las seis.

✦ 現在が含まれる期間の例：hoy, esta tarde, esta semana, este mes, este año, este invierno

EJERCICIO 15

1. カッコ内の不定詞を適切な現在完了形に活用させ、訳しなさい。

1. ¿(Probar, tú) _____ la comida peruana?

2. ¿(Estar, tú) _____ alguna vez en México?

   —No, no (estar) _____ nunca allí.

3. ¿Sabes que yo (hacer) _____ este gazpacho?

4. El autocar ya (irse) _____ a Valladolid.

5. Vosotros no (lavarse) _____ las manos todavía, ¿verdad?

6. (Robar, ellos) _____ los diamantes de esta joyería.

7. Esta maleta (servir) _____ mucho para este viaje.

8. ¿A ustedes no les (doler) _____ las piernas?

9. Este verano (llover) _____ mucho en este país.

10. El auditorio (quejarse) _____ mucho del resultado de la final.

11. Francisca y tú siempre (ser) _____ frías con nosotros.

2. カッコ内の不定詞を適切な現在完了形に活用させ、訳しなさい。

1. Las estudiantes (escribir) _____ una carta a la profesora de España.

2. Mis amigos (ver) _____ a la actriz en Roma.

3. El ministro y yo (hacer) _____ esperar un poco a los periodistas.

4. ¿Quién (romper) _____ el baño de la estación?

5. ¿Cuántos libros (leer, tú) _____ este año?

6. ¿Qué (decir, vosotros) _____ ? —No (decir) _____ nada.

7. ¿(Abrir, vosotros) _____ esta puerta alguna vez hasta ahora?

8. Yo (descubrir) _____ una cosa rara en el cajón.

3. 下線部の語を現在完了形に書き換え、訳しなさい。

1. No me <u>gusta</u> la novela de este escritor japonés. →

2. Los jóvenes y yo <u>nos quitamos</u> los zapatos en el templo. →

3. Parece que vosotros no <u>queréis</u> sentaros en el tren. →

4. Creo que los niños no <u>se acuestan</u> muy tarde. →

5. ¿Por qué no <u>venís</u> a tomar una copa? →

6. Su hermano <u>se casa</u> con una amiga mía este mes. →

7. <u>Me pongo</u> las gafas al conducir el coche. →

8. Hoy estos jóvenes <u>tienen</u> que trabajar hasta la madrugada. →

9. ¿Cómo <u>haces</u> esta comida? →

10. Los aviones <u>vuelven</u> a la base aérea. →

I 過去分詞（2）…本来の用法（動詞的特徴を伴う形容詞）

hablar

	単数	複数
男性	hablado	hablados
女性	hablada	habladas

escribir

単数	複数
escrito	escritos
escrita	escritas

romper

単数	複数
roto	rotos
rota	rotas

過去分詞は修飾する名詞と性数一致した形式（Lec.4、-o で終わる形容詞の場合と同じ）を用いる。

現在完了（Lec.15）の場合には性数一致がないため、–o の語尾のみ用いられる。

II 名詞句で用いられる過去分詞　名詞＋過去分詞（＋ por ＋動作主）　◁)) 53

una carta escrita　　　　　　　　　　1通の書かれた手紙

un puente construido por los romanos　ローマ人によって建設された橋

✦ 他動詞由来（escribir、construir）の過去分詞は受動的意味。この時 por ＋動作主を用いることができる。

los gatos dormidos en la cama　　　　ベッドで眠った猫

una niña sentada en la silla　　　　椅子に座った女の子

✦ 自動詞（dormir）、再帰動詞（sentarse）に由来する過去分詞は能動的意味。再帰代名詞は過去分詞では用いられない。

III 受動文　◁)) 54

❶ 動作受動文（ser を用いる。いわゆる受動態）

主語＋ ser ＋過去分詞（他動詞由来に限る。主語と性数一致）（＋ por ＋動作主）

La torre fue construida por los árabes.

✦ 再帰受動文（Lec.12）では por ＋動作主を用いることができない。×La torre se construyó por los árabes.

Los ancianos son respetados en esta ciudad.

La niña fue sentada por su padre.

✦ この構文では人が主語となることができる。再帰受動文と比較しなさい。

❷ 状態受動文（estar を用いる）

主語＋ estar ＋過去分詞（主語と性数一致）

Las botellas fueron rotas por los jóvenes.　　それらのビンは若者によって割られた（動作受動文）

Las botellas están rotas.　　　　　　　　それらのビンは割れている（状態受動文）

✦ 動作受動文の後の状態を表すのが状態受動文とされる。したがって動作主を用いることができない。

Tu amigo está dormido en mi coche.

Las niñas están sentadas en el sofá.

✦ この構文では自動詞（dormir）、再帰動詞（sentarse）に由来する過去分詞を用いることもできる。

EJERCICIO 16

1. カッコ内の不定詞を適切な過去分詞にし、名詞句を完成させて訳しなさい。

1. una ciudad (conocer) _____ por los extranjeros
2. un niño (levantarse) _____ en el sofá
3. los trenes (salir) _____ de la estación
4. las avenidas (cubrir) _____ de nieve
5. un producto (hacer) _____ en México
6. un libro (imprimir) _____ en España
7. las obras (pintar) _____ por Velázquez
8. la puerta (abrir) _____ por los botones

2. カッコ内の不定詞を適切な過去分詞にし、訳しなさい。

1. Este libro está (escribir) _____ en portugués.
2. Las hojas secas están (caer) _____ en el patio.
3. El Quijote fue (publicar) _____ en ese año.
4. Los servicios del parque fueron (romper) _____ por los turistas.
5. Los turistas han (romper) _____ los servicios del parque.
6. Se han (romper) _____ las ventanas de la escuela.
7. La comida rural ha sido (hacer) _____ por las ancianas del pueblo.
8. Sus hermanos ya están (dormir) _____ en la cama.
9. Sus hijas han (dormir) _____ un poco en la cama.
10. Unos jóvenes están (acostarse) _____ en un césped del campus.

3. 下線部の語を主語とした動作受動文を完成させ、訳しなさい。

例 Antonio Gaudí diseñó la Sagrada Familia.

→ La Sagrada Familia (fue) (diseñada) (por) Antonio Gaudí.

1. Se habla español en estos países.

→ El español ( ) ( ) en estos países.

2. En este pueblo se necesita a los mayores.

→ Los mayores ( ) ( ) en este pueblo.

3. Se vendieron los coches lujosos en una tienda de esta carretera.

→ Los coches lujosos ( ) ( ) en una tienda de esta carretera.

4. García Márquez ha escrito estas novelas.

→ Estas novelas ( ) ( ) ( ) ( ) García Márquez.

5. Los vecinos de este barrio quieren estos perros.

→ Estos perros ( ) ( ) ( ) los vecinos de este barrio.

LECCIÓN 17

Ⅰ 直説法線過去 　　　◁)) 55

❶ 規則活用の形式

hablar

話す	
hablaba	hablábamos
hablabas	hablabais
hablaba	hablaban

comer

食べる	
comía	comíamos
comías	comíais
comía	comían

vivir

住む	
vivía	vivíamos
vivías	vivíais
vivía	vivían

◆ 線過去はほとんどの動詞が規則活用である。以下に示すような、今まで不規則であった動詞も規則的である。estar、poder、querer、tener、decir、dar、hacer、haber など。

❷ 不規則活用の形式…以下の 3 つのみ

ser

〜である	
era	éramos
eras	erais
era	eran

ir

行く	
iba	íbamos
ibas	ibais
iba	iban

ver

見る	
veía	veíamos
veías	veíais
veía	veían

❸ 用法 　　　◁)) 56

1. 過去の反復、習慣（〜していた、〜したものだ）、過去の描写（〜であった）

   Cuando eran pequeños, siempre jugaban a la pelota en la calle.

   En mi juventud iba al cine de esta ciudad.

   Antes mi amigo leía novelas policiacas.

   cf. Ayer mi amigo leyó la novela durante dos horas.

2. 過去のある時点（主に点過去で表す）において継続中だった動作（〜していた）

   Veíamos un DVD cuando nos visitó María.

   Cuando conducía la motocicleta, mi madre me llamó por teléfono.

3. 時制の一致（過去における現在）　過去時制の decir/saber/preguntar など ＋ que ＋節（線過去）

   Ayer supimos que Mónica vivía con sus hermanas. 　＊「住んでいた」と訳さない

   La semana pasada pregunté dónde trabajabais. 　＊「働いていた」と訳さない

   Dijeron que tú tenías un chalé en Santander. 　＊「持っていた」と訳さない

◆ Dicen que tienes un chalé en Santander. における que 以下の日本語訳は、上と同じになる。

Ⅱ -mente の副詞 　　　◁)) 57

形容詞（女性形単数）＋ -mente

estupendo → estupendamente　　　　rápido → rápidamente 　＊形容詞のアクセント位置は保持

general → generalmente　　　　libre y feliz → libre y felizmente

40

1. 以下の動詞の線過去の活用形を書きなさい。

    1. **estar**   2. **ponerse**

         1 人称 _____ _____   _____ _____

         2 人称 _____ _____   _____ _____

         3 人称 _____ _____   _____ _____

2. 以下の形容詞から –mente の副詞を形成しなさい。

    1. verdadero   2. oficial   3. alegre   4. último

3. カッコ内の不定詞を適切な線過去に活用させ、訳しなさい。

    1. Mis padres (jugar) _____ al golf los fines de semana.

    2. Cuando (ser, ellos) _____ niños, siempre (verse) _____
       después de las clases.

    3. Este señor siempre (ponerse) _____ el sombrero blanco.

    4. Tú dijiste que (estaba, tú) _____ enferma, ¿no?

    5. Mi novia a veces me (hacer) _____ esperar en la estación.

    6. Antes (haber) _____ unas librerías por aquí.

    7. Mi tío nunca me (dejar) _____ tocar su motocicleta.

    8. Tú (contar) _____ chistes casi todos los días.

    9. (Ser) _____ necesario tener mucho cuidado con los ladrones.

    10. Un amigo mío siempre (sentirse) _____ arrepentido de su matrimonio.

4. カッコ内の不定詞を適切な線過去か点過去に活用させ、訳しなさい。

    1. Como (hacer) _____ buen tiempo ayer, (ir, nosotros) _____
       a la playa.

    2. Yo (volver) _____ a Japón porque (tener) _____
       que casarme con mi novia.

    3. Ayer nos (preguntar, ellos) _____ dónde (vivir) _____ .

    4. Entonces (saber, yo) _____ que los dos (quererse) _____ como antes.

    5. Como no (haber) _____ mantequilla en el frigorífico, (ir, yo)
       _____ al supermercado a comprarla.

    6. En la fiesta de anoche (notar, yo) _____ que tu hermana (ser)
       _____ antipática conmigo.

    7. ¿Qué hora (ser) _____ cuando (llegar, vosotros) _____ a la universidad?
       —(Ser) _____ alrededor de las nueve y media.

I **比較表現の基本的な型**…形容詞、副詞いずれも同じ型にしたがう 🔊 58

❶ 形容詞の場合

Luisa es alta. 原級（比較していない）背が高い

Luisa es más alta que José. 優等比較級　より背が高い

Luisa es menos alta que su madre. 劣等比較級　より劣って背が高い（より高くない）

Luisa es tan alta como su hermano. 同等比較級　同じくらい背が高い

❷ 副詞の場合

Luisa se levanta temprano. 原級（比較していない）早く

Luisa se levanta más temprano que José. 優等比較級　より早く

Luisa se levanta menos temprano que su madre. 劣等比較級　より劣って早く（より早くなく）

Luisa se levanta tan temprano como su hermano. 同等比較級　同じくらい早く

II **現在分詞** 🔊 59

❶ 基本的な形式…不定詞の語尾を変える（不変化語である）

hablar → hablando　　comer → comiendo　　vivir → viviendo

❷ 主な不規則形

leer → leyendo　decir → diciendo　pedir → pidiendo　poder → pudiendo

ir　→ yendo　venir → viniendo　seguir → siguiendo　dormir → durmiendo など

❸ 用法…動詞を修飾する副詞（～しながら［～する]）

Los niños contestaron llorando.　La esperábamos oyendo música.

Los domingos por la noche planchaba las camisas viendo la televisión.

❹ 注意すべき用法

Caminando por esta calle no puedes llegar a la panadería. ＊文頭では分詞構文

Oyeron a los alumnos cantando en el aula. ＊知覚構文で、不定詞の代わり

III **進行形**…estar（seguir、ir、venir）＋現在分詞 🔊 60

Yo estoy buscando un taxi. ＊現在形 yo busco の進行形

Les venimos advirtiendo del peligro desde hace unos meses. ＊venir＋現在分詞

La situación económica del país iba mejorando con el tiempo. ＊ir＋現在分詞

Te seguimos esperando.　Seguimos esperándote. ＊seguir＋現在分詞

✦ 現在形でも進行の意味を表すことができるが、その強調として現在進行形が用いられる。

✦ 不定詞の場合と同様に、無強勢代名詞は現在分詞のうしろに付けて一語にすることも可（前接の位置）。

線過去進行形と点過去進行形を比較しなさい。

Ayer ella estaba leyendo una novela. ＊線過去形 ella leía の進行形

Ayer ella estuvo leyendo la novela durante dos horas. ＊点過去形 ella leyó の進行形

1. 対応する日本語訳となるよう、カッコ内の語を並べ替えて比較の文を完成させなさい。

1. このスイカはそれよりおいしかった。

   Esta sandía (rica / que / fue / más) esa.

2. 君たちは私と同じくらい速く走っていた。

   Vosotros (tan / corríais / como / rápidamente) yo.

3. 君の靴は私のより高価ではなかった。

   Tus zapatos (caros / que / sido / menos / han) los míos.

4. その娘たちは母親と同じくらいゆっくり話す。

   Las hijas (como / tan / hablan / despacio) su madre.

5. その先生は学生たちより疲れている。

   El profesor (está / que / cansado / más) los estudiantes.

2. 下線部の動詞を estar を用いた進行形に変え、訳しなさい。

1. Ayer <u>nevó</u> todo el día por aquí. → Ayer (   ) (   ) todo el día por aquí.

2. Anoche <u>vimos</u> la televisión durante tres horas.

   → Anoche (   ) (   ) la televisión durante tres horas.

3. Tus perros <u>duermen</u> en el sofá. → Tus perros (   ) (   ) en el sofá.

4. ¿Qué <u>leéis</u>? → ¿Qué (   ) (   )?

5. Los niños <u>se lavan</u> la cara. → Los niños (   ) (   ) la cara.

6. Cuando <u>estudiaba</u> en casa, vino una prima mía.

   → Cuando (   ) (   ) en casa, vino una prima mía.

7. Paulina <u>se sentaba</u> en este césped.

   → Paulina (   ) (   ) en este césped.

8. Siempre <u>oía</u> música latina en esta tienda.

   → Siempre (   ) (   ) música latina en esta tienda.

9. Los estudiantes <u>se quejan</u> del resultado del examen.

   → Los estudiantes (   ) (   ) del resultado del examen.

10. <u>Te lo decimos</u> en serio. → (   ) (   ) en serio.

3. カッコ内の不定詞を現在分詞に変化させ、訳しなさい。

1. Siempre conducía el coche (escuchar) _____ música clásica.

2. Vimos a Teresita (llorar) _____ .

3. Supimos que los dos seguían (quererse) _____ como antes.

4. He estado (pensar) _____ en ti esta tarde.

5. (Tener) _____ que asistir a la boda de su hermana, Juan volvió a España.

I 注意すべき比較表現（1） 🔊 61

❶ 形容詞の不規則な優等比較級…más ＋形容詞ではなく、独自の1語を用いる

1. **bueno**(s), -a(s) 良い → **mejor**(es) より良い

   Estas plumas son buenas.　　　→ Estas plumas son mejores que esas.

2. **malo**(s), -a(s) 悪い → **peor**(es) より悪い

   Mi reloj es malo.　　　　　　→ Mi reloj es peor que el tuyo.

3. **mucho**(s), -a(s) 沢山の → **más** より沢山の

   Nicolás tiene muchos juguetes.　→ Nicolás tiene más juguetes que su primo.

4. **poco**(s), -a(s) わずかな → **menos** より少ない

   Había poca gente en la plaza.　→ Ahora hay menos gente que ayer.

5. **grande** 大きい → **más grande**(s) より大きい（形状）、**mayor**(es)（主に年齢が）年上の

   Tu moto es más grande que la mía.　　Don Ramón es mayor que mi padre.

6. **pequeño**(s), -a(s) 小さい → **más pequeño**(s), -a(s) より小さい（形状）、**menor**(es) 年下の

   Estas botellas son más pequeñas que aquellas.

   Anabel es menor que tu hermana.

❷ 副詞の不規則な優等比較級…más ＋副詞ではなく、独自の1語を用いる 🔊 62

1. **bien** 良く（～する）→ **mejor** より良く（～する）

   Isabel canta bien.　　　　→ Isabel canta mejor que su hermana.

2. **mal** 悪く（～する）→ **peor** より悪く（～する）

   Estos jóvenes escribían mal. → Estos jóvenes escribían peor que tus hijos.

3. **mucho** 沢山（～する）→ **más** より沢山（～する）

   Ella come mucho.　　　　→ Ella come más que sus hermanos.

4. **poco** わずかに（～する）→ **menos** よりわずかに（～する）

   Bebisteis poco, ¿verdad?　→ Bebisteis menos que vuestras novias, ¿verdad?

II 直説法過去完了 🔊 63

❶ 形式…助動詞 haber の線過去＋過去分詞（不変化）

hablar

話す	
había hablado	habíamos hablado
habías hablado	habíais hablado
había hablado	habían hablado

hacer

する、作る	
había hecho	habíamos hecho
habías hecho	habíais hecho
había hecho	habían hecho

❷ 用法…ある時点（主に点過去で表される）までに完了している動作の表現

Dijeron que tú habías trabajado en Buenos Aires.

Ayer supimos que Mónica había vuelto de su viaje.

La semana pasada pregunté dónde habíais estado.

1. 例に従ってカッコ内に語を補い優等比較級の文を完成させ、訳しなさい。

例 Ana tiene <u>muchas</u> muñecas. [Pilar]→ Ana tiene (más) muñecas (que) Pilar.

1. Esta comida es <u>buena</u>. [esa] → Esta comida es (　　　) (　　　) esa.

2. Aquí antes había <u>mucha</u> gente. [hoy]

　→ Aquí antes había (　　　) gente (　　　) hoy.

3. Tu reloj es <u>caro</u>. [el mío] → Tu reloj es (　　　) (　　　) (　　　) el mío.

4. Carmen bebió <u>mucho</u>. [Mercedes] → Carmen bebió (　　) (　　) Mercedes.

5. Lo sabemos <u>bien</u>. [ustedes] → Lo sabemos (　　　) (　　　) ustedes.

6. Para los niños estos DVDs son <u>malos</u>. [estas películas]

　→ Para los niños estos DVDs son (　　　) (　　　) estas películas.

7. Mi impresora funciona <u>mal</u>. [la tuya]

　→ Mi impresora funciona (　　　) (　　　) la tuya.

8. Estas camisas son <u>pequeñas</u>. [aquellas]

　→ Estas camisas son (　　　) (　　　) (　　　) aquellas.

9. Él tiene <u>pocos</u> libros. [yo] → Él tiene (　　　) libros (　　　) yo.

10. En este país la gente descansa <u>poco</u>. [antes]

　→ En este país la gente descansa (　　　) (　　　) antes.

2. 対応する日本語訳となるよう、カッコ内に語を補い文を完成させなさい。

1. この物語はそれと同じくらい有名である。

Esta historia es (　　　) (　　　) (　　　) esa.

2. 君の車は私のより大きくはなかった（より劣って大きかった）。

Tu coche era (　　　) (　　　) (　　　) el mío.

3. 私の母は私の父より3つ年上だ。

Mi madre es tres años (　　　) (　　　) mi padre.

4. マリアホセは私の姪より年下だ。

María José es (　　　) (　　　) mi sobrina.

5. 私たちはいつも君より早く学校に到着しなかった（より劣って早く到着した）。

Siempre llegábamos a la escuela (　　　) (　　　) (　　　) tú.

3. カッコ内の不定詞を点過去、線過去、過去完了のいずれかに活用させ、文を完成させて訳しなさい。

1. Ya (acostarse, yo) _____ cuando me (llamar, tú) _____ anoche.

2. Ya no pudo ver la película porque (levantarse, él) _____ tarde.

3. Como (haber) _____ mucha gente en la calle, (saber, yo) _____ que

la selección nacional (ganar) _____ la final del campeonato mundial.

LECCIÓN 20

I 直説法未来…未来の語幹＋未来形の語尾（共通） 🔊 **64**

❶ 規則活用の形式

不定詞そのままを未来の語幹としたもの＋未来形の語尾

hablar

話す	
hablaré	hablaremos
hablarás	hablaréis
hablará	hablarán

ver

見る	
veré	veremos
verás	veréis
verá	verán

ir

行く	
iré	iremos
irás	iréis
irá	irán

❷ 不規則活用

独自の未来語幹＋未来形の語尾（上と共通）

tener (tendr-)

持つ	
tendré	tendremos
tendrás	tendréis
tendrá	tendrán

hacer (har-)

する、作る	
haré	haremos
harás	haréis
hará	harán

主な未来形不規則活用

poner (pondr-)   venir (vendr-)   salir (saldr-)   decir (dir-)

poder (podr-)   saber (sabr-)   querer (querr-)   haber (habr-)

❸ 用法 🔊 **65**

1. 将来の動作や状態

Os invitaré a nuestra boda. — Entonces tendremos que ponernos el traje.

¿Vendrá alguien mañana?   Te seguirán esperando.

◆ ir a ＋不定詞の意味に相当する。

2. 現在の推量 （今）〜だろう

Ahora serán las dos de la tarde en España.

Mis amigos ya no estarán en la estación.

II 注意すべき比較表現 （2） 🔊 **66**

❶ 形容詞 mucho(s), -a(s)「沢山の」の同等比較級 tanto(s), -a(s)「同じくらい沢山の」

Maribel tiene muchas muñecas.   Maribel tiene tantas muñecas como mi hija.

❷ 副詞の mucho「沢山（〜する）」の同等比較級も tanto「同じくらい沢山（〜する）」

Su hijo come mucho.   Su hijo ya come tanto como los adultos.

❸ no ＋同等比較級   como 以下ほど 〜ではない

Esta novela no es tan difícil como esa.

Allí no vivieron tan libremente como ahora.

46

1. 以下の動詞の未来形の活用形を書きなさい。

1. ser

 １人称 _____ _____

 2人称 _____ _____

 3人称 _____ _____

2. estar

 _____ _____

 _____ _____

 _____ _____

3. poder

 １人称 _____ _____

 2人称 _____ _____

 3人称 _____ _____

4. ponerse

 _____ _____

 _____ _____

 _____ _____

2. カッコ内の不定詞を未来形に活用させ、訳しなさい。

1. Mi amiga y yo (ir) _____ a Tokio a comprar unos pendientes bonitos.

2. Pienso que estos novios (seguir) _____ amándose para siempre.

3. Los alumnos (estar) _____ esperando a la maestra.

4. Su hermana (tener) _____ unos veinte años.

5. Esta noche tu novio te (decir) _____ una cosa importante.

6. Vosotras (poder) _____ ser azafatas en el futuro.

7. Ya no (ponerse, tú) _____ las gafas después de usar las lentillas, ¿no?

8. Mañana todos nosotros (saber) _____ el resultado del partido.

9. ¿Qué tiempo (hacer) _____ ahora en tu país?

10. Mañana en esta plaza (haber) _____ menos turistas que hoy.

3. 下線部全体を未来形に書き換え、訳しなさい。

1. Creo que <u>va a venir</u> mucha gente en esta Navidad. →

2. Con esta ropa <u>vais a tener</u> problemas. →

3. <u>Voy a levantarme</u> pronto. →

4. Los coches eléctricos <u>van a ser</u> vendidos en esta tienda. →

5. Parece que <u>va a nevar</u> en las montañas. →

4. カッコ内に tan あるいは tanto、もしくはその変化形を補い、文を完成させて訳しなさい。

1. Ayer en la calle había ( ) gente como hoy.

2. Mis zapatos costaron ( ) como los tuyos.

3. Los novios ya no podrán pasarlo ( ) bien como ayer.

4. Esta madre habla ( ) como sus hijas.

5. Natalia tiene ( ) plumas como sus amigas.

Ⅰ 直説法過去未来

🔊 67

❶ 形式

未来形と同じ語幹（不定詞そのまま／独自の語幹）＋ 過去未来形の語尾（共通）

hablar (話す)

話す	
hablaría	hablaríamos
hablarías	hablaríais
hablaría	hablarían

tener (tendr-) (持つ)

持つ	
tendría	tendríamos
tendrías	tendríais
tendría	tendrían

hacer (har-) (する、作る)

する、作る	
haría	haríamos
harías	haríais
haría	harían

❷ 用法

🔊 68

1. 過去のある時点（主に点過去で示される）から見た未来の動作や状態を表す

   Dijeron que tú estudiarías en México.

   Pensé que tendríais que entregar los documentos.

   Creíamos que llovería al día siguiente.　　　　　　cf. Creemos que lloverá mañana

2. 過去の推量　〜しただろう

   Anoche Emilio estaría con su mujer.

   Serían las tres cuando vimos a tu hermana en la discoteca.

3. 婉曲表現…現在の場面で使用

   Me gustaría visitaros en verano.

   Por favor, desearía hablar con su hija.

4. 現在の反事実の条件文の帰結の主節で用いる　　☞付録 VII, 2

Ⅱ 最上級

🔊 69

❶ 形容詞の最上級

定冠詞＋（名詞＋）形容詞の比較級（＋ de ＋範囲）　　　　　　　＊カッコ内は省略可

María José es la (niña) más alta (de la clase).

Esta cerveza es la más rica de este lugar.

Don Alberto es el mayor del pueblo.

❷ 副詞の最上級　　　　　　　　　　　　　　　　　　　＊以下に挙げるのは主な形式

主語＋ ser の活用＋定冠詞（主語と性数一致）＋ que ＋動詞活用形＋副詞の比較級（＋ de ＋範囲）

Este chico es el que corre más rápidamente de la escuela.

　　cf. Este chico es el que corre más rápidamente que nadie.

Isabel es la que canta mejor de la familia.

Ellas son las que trabajan más.

1. 以下の動詞の過去未来形の活用形を書きなさい。

1. saber

2. decir

1人称 _____ _____   _____ _____

2人称 _____ _____   _____ _____

3人称 _____ _____   _____ _____

2. カッコ内の不定詞を過去未来形に活用させ、訳しなさい。

1. Decían que vosotros (estudiar) _____ en Estados Unidos.

2. Él dijo que nosotras no (poder) _____ aprobar el examen.

3. Pensé que tú (seguir) _____ viviendo en Tokio.

4. Un periodista me preguntó a dónde (marchar) _____ los manifestantes.

3. 以下の文の現在形を婉曲表現の過去未来形に変え、訳しなさい。

1. Debéis hacer más esfuerzos para conseguirlo. →

2. ¿Puede usted esperarnos un momento? →

3. Yo en tu caso no la engaño. →

4. ¿Me permiten fumar fuera del edificio? →

4. カッコ内に語を補って形容詞の最上級の文を完成させ、訳しなさい。

例 Tokio es una ciudad grande. → Tokio es (la) ciudad (más) grande (de) Japón.

1. Este cuadro es caro. → Este cuadro es (   ) (   ) caro.

2. Estas películas son malas.

→ Estas películas son (   ) (   ) (   ) este año.

3. Elena es una chica alegre.

→ Elena es (   ) chica (   ) alegre (   ) la clase.

4. Este vino es bueno. → Este vino es (   ) (   ) (   ) la región.

5. カッコ内に語を補って副詞の最上級の文を完成させ、訳しなさい。

例 Él habla despacio. → Él es (el) que habla (más) despacio (de) su familia.

1. Ellas bailaban alegremente.

→ Ellas eran (   ) que bailaban (   ) alegremente.

2. Diego durmió bien. → Diego fue (   ) que durmió (   ) (   ) todos.

3. Mi hermano gana mucho. → Mi hermano es (   ) que gana (   ).

4. Ellos estudiaban poco.

→ Ellos eran (   ) que estudiaban (   ) (   ) la escuela.

LECCIÓN 22

Ⅰ 関係代名詞 que・el que 🔊 70

❶ que の場合…名詞＋形容詞 → 先行詞（人 / モノ）＋ que（主格 / 直接目的格）＋節（形容詞節）

que の 2 つの機能… ①節をつなぐ（接続詞の機能）

②節の動詞に対して主格、あるいは直接目的格のはたらきを担う（代名詞の機能）

Ana es la pianista simpática（形容詞）.

Ana es la pianista. Ella vive en Granada.

→ Ana es *la pianista* que vive en Granada.　　　*人の先行詞。que は主格。

Ana es la pianista. La vi ayer en la estación.

→ Ana es *la pianista* que vi ayer en la estación.　　*人の先行詞。que は直接目的格。

Ana tiene *un piso* que está en el casco antiguo.　　*モノの先行詞。que は主格。

◆ 関係代名詞に続く形容詞節は関係節とも呼ばれる。

❷ el que（la que、los que、las que）の場合…先行詞（人 / モノ）＋前置詞＋ el que ＋節

Ana es la pianista. Para ella compraron unas rosas.

→ Ana es *la pianista* para la que compraron unas rosas.

Ana tiene *un piso* del que estamos hablando.　　* hablar de ～「～について話題にする」

◆ 先行詞が人以外で前置詞が a、con、de、en などの時、定冠詞の省略が可能。

Esta es la fábrica en que / en la que trabajan las señoras.

Ⅱ 直説法未来完了 🔊 71

❶ 形式…助動詞 haber の未来形＋過去分詞（不変化）

hablar

話す	
habré hablado	habremos hablado
habrás hablado	habréis hablado
habrá hablado	habrán hablado

decir

言う	
habré dicho	habremos dicho
habrás dicho	habréis dicho
habrá dicho	habrán dicho

❷ 用法

1. 未来のある時点に完了している動作

   Habré terminado los deberes para el mediodía.

   Los niños se habrán acostado para las once de la noche.

2. 現在完了の推量

   Los ladrones habrán roto esta ventana.

   ¿Quién habrá hecho esta paella?

1. 下線部の語を先行詞として右の文を que でつなぎ、訳しなさい。

例 Javier es el maestro. Él enseña en la escuela de mi hijo.

→ Javier es el maestro que enseña en la escuela de mi hijo.

1. Esta es la bicicleta. La compré hace tres años.

→

2. Me gustan las novelas. La escritora venezolana escribió las novelas.

→

3. Aquellas estudiantes se comieron una paella entera. Ellas están sentadas.

→

4. El puente fue construido por los romanos. Estáis viendo el puente.

→

5. Valladolid es la ciudad. La ciudad ha sido visitada por muchas celebridades.

→

2. 下線部の語を先行詞として右の文を前置詞 + el que でつなぎ、訳しなさい。

例 Esta es mi sobrina. Para ella compré un juguete.

→ Esta es mi sobrina (para la que) compré un juguete.

1. Esta es la iglesia. En esta iglesia celebraron la boda.

→ Esta es la iglesia (   ) celebraron la boda.

2. Los jóvenes son tus primos. Jugué al fútbol con los jóvenes.

→ Los jóvenes (   ) jugué al fútbol son tus primos.

3. Las actrices visitarán el ayuntamiento. Hablábamos de ellas.

→ Las actrices (   ) hablábamos visitarán el ayuntamiento.

4. El documento no está en la biblioteca. La profesora se refirió al documento.

→ El documento (   ) la profesora se refirió no está en la biblioteca.

5. Esta es la chimenea. Papá Noel entró a casa por la chimenea.

→ Esta es la chimenea (   ) Papá Noel entró a casa.

3. カッコ内の不定詞を未来完了に活用させ、訳しなさい。

1. Yo (terminar) _____ la traducción de esta carta para el mediodía.

2. Los novios ya (volver) _____ al aeropuerto.

3. ¿Quién (hacer) _____ esta empanada?

4. Creo que vuestra relación ya (romperse) _____ para el fin de semana.

5. Esta autopista (construirse) _____ para el año que viene.

I その他の関係代名詞と用法 🔊 72

❶ 限定用法と説明用法

限定用法…「この近くに住んでいる生徒たちは」(他の生徒からの限定)

Los alumnos que viven cerca de aquí llegarán a tiempo a la clase.

説明用法(コンマを伴う)…先行詞についての単なる説明、「そして彼らは近くに住んでいるのだが」
(他の生徒からの限定は含意されない)

Los alumnos, que viven cerca de aquí, llegarán a tiempo a la clase.

独立用法…先行詞が欠如、「近くに住む者たちは」

Los que viven cerca de aquí llegarán a tiempo a la clase.

❷ 関係代名詞 lo que…lo que 以下のこと(は / を / 前置詞+)、主に独立用法で使用

No entiendo lo que quieres decir.

Estamos agradecidos por lo que habéis hecho.

Lo que estás pensando será aceptado por los vecinos.

❸ 関係代名詞 quien、quienes…先行詞は人、説明用法(コンマを伴う)のみ

Ana es *la pianista*, quien vive en Granada.

前置詞を伴う場合には限定用法(コンマなし)も可能

Ana es *la pianista* para quien (= para la que) compraron las rosas.

Quienes viven en este pueblo podrán llegar a tiempo al concierto.　* 独立用法も可

II 直説法過去未来完了 🔊 73

❶ 形式…助動詞 haber の過去未来形+過去分詞(不変化)

hablar

話す	
habría hablado	habríamos hablado
habrías hablado	habríais hablado
habría hablado	habrían hablado

escribir

書く	
habría escrito	habríamos escrito
habrías escrito	habríais escrito
habría escrito	habrían escrito

❷ 用法

1. 過去の時点から見た未来のある時点までに完了している動作

   Dijeron que habrían terminado las obras para el mediodía.

   Entonces pensaba que tú habrías llegado al aeropuerto antes de las seis.

2. 過去完了の推量

   Creíamos que el tren ya habría salido de la estación.

   Dijeron que las montañas ya habrían estado cubiertas de nieve.

3. 過去の反事実の条件文の帰結で用いる　☞付録 VII, 3

1. カッコ内に lo que 及び el que、quien の適切な形式を記入し独立用法の関係節を作り、訳しなさい。複数の解答の場合もあります。

1. (　　　　　　　) vienen allí son mis amigas.

2. No puedo comprender (　　　　　) vais a hacer.

3. Ellos no se arrepintieron de (　　　　　) habían dicho.

4. El maestro estaba quejándose de (　　　　) llegaban tarde a la clase.

5. (　　　　　) quiero saber es a dónde se irán los turistas.

2. 下線部の語を先行詞として、que 及び el que、quien の適切な形式を用いて左右の文をつなぎ、訳しなさい。複数の解答や前置詞を伴う場合もあります。

例 Pilar es la compañera. Estamos agradecidos a ella.

→ Pilar es la compañera (a la que / a quien) estamos agradecidos.

1. Maite tiene una camioneta. Hablábamos mucho de esa camioneta.

→ Maite tiene una camioneta (　　　　　　) hablábamos mucho.

2. Estos son todos los jugadores. Ellos vendrán a esa ciudad. * 説明用法

→ Estos son todos los jugadores, (　　　　　) vendrán a esa ciudad.

3. Diego es el torero. Habéis hablado de él.

→ Diego es el torero (　　　　　　) habéis hablado.

4. Diego es torero. Él siempre ha sido querido por todos. * 説明用法

→ Diego es torero, (　　　　　) siempre ha sido querido por todos.

5. Diego es el torero. Él nació en este pueblo.

→ Diego es el torero (　　　　　) nació en este pueblo.

3. カッコ内の不定詞を過去未来完了に活用させ、訳しなさい。

1. Dijeron que (terminar, vosotros) _____ los deberes para las ocho.

2. Pensábamos que los artistas (irse) _____ de aquí para el miércoles.

3. Creía que sus relaciones (restaurarse) _____ para el fin del mes.

4. Como la calle estaba mojada, pensé que (llover) _____ .

4. 下線部の過去完了を過去未来完了に変え、訳しなさい。

1. Nuestro pueblo había cambiado mucho cuando vosotros llegasteis.

2. Creí que Manuela ya había vuelto a su país.

3. Cuando te llamé anoche, todavía no habías llegado allí.

4. Pensaron que ella y yo lo habíamos hecho.

主節（直説法）＋ que（接続詞）＋従属節（直説法 / 接続法）…主節では直説法が用いられる

I 接続法現在（1）　　　　　　　　　　🔊 74

❶ 規則活用の形式…接続法現在の規則的な語尾：-ar 動詞 → -e　-er → -a　-ir → -a

hablar

話す	
hable	hablemos
hables	habléis
hable	hablen

comer

食べる	
coma	comamos
comas	comáis
coma	coman

vivir

住む	
viva	vivamos
vivas	viváis
viva	vivan

✦ llegar → llegue llegues…　buscar → busque busques…

❷ 直説法現在の1人称単数をもとに形成するもの…接続法現在の規則的な語尾　　🔊 75

tener (tengo)

持つ	
tenga	tengamos
tengas	tengáis
tenga	tengan

conocer (conozco)

知る	
conozca	conozcamos
conozcas	conozcáis
conozca	conozcan

同型の動詞
venir　(vengo → venga vengas venga …)
hacer (hago → haga hagas haga …)
ver　　(veo → vea veas vea …)
decir (digo → diga digas diga …)
oír　　(oigo → oiga oigas oiga …) etc.

❸ 語幹母音変化動詞のうち -ir 動詞以外…直説法現在の語幹に接続法現在の規則的な語尾

contar (o > ue型)

語る、数える	
cuente	contemos
cuentes	contéis
cuente	cuenten

perder (e > ie型)

失う	
pierda	perdamos
pierdas	perdáis
pierda	pierdan

同型の動詞
pensar (piense pienses piense …)
querer (quiera quieras quiera …)
poder　(pueda puedas pueda …) etc.

✦ empezar → empiece empieces…　comenzar → comience comiences…

II 名詞節で用いられる接続法（1）　　　　　🔊 76

❶ 構造

Vemos　　　un DVD.　　　　下線の名詞句の代わりに、Los niños cantan. という文を節として用いる。

Vemos 　que los niños cantan.　　　ver ＋ que ＋名詞節（直説法）

Queremos que los niños canten.　　querer ＋ que ＋名詞節（接続法）

主節の意味（vemos か queremos）が名詞節の法（cantan か canten）を決める

❷ 願望の意味の主節＋ que ＋名詞節（接続法）

querer 欲する　desear 望む　aconsejar 勧める　prohibir 禁止する　permitir 許可する　etc.

Deseamos que muchos clientes vengan a nuestra tienda.

Te aconsejamos que no fumes en el campus.

　　cf. 思考・知覚の意味の主節＋ que ＋名詞節（直説法）

　　creer 思う　pensar 思う　decir 言う　ver 見る　oír 聞く　parecer 〜のように見える　saber 知っている　etc.

　　Creo / Pienso / Parece / Veo　que va a nevar esta noche.

EJERCICIO 24

1. 以下の動詞の接続法現在の活用形を書きなさい。

1. estudiar
   - 1人称 ＿＿＿＿＿＿＿＿ ＿＿＿＿＿＿＿＿
   - 2人称 ＿＿＿＿＿＿＿＿ ＿＿＿＿＿＿＿＿
   - 3人称 ＿＿＿＿＿＿＿＿ ＿＿＿＿＿＿＿＿

2. subir
   - ＿＿＿＿＿＿＿＿ ＿＿＿＿＿＿＿＿
   - ＿＿＿＿＿＿＿＿ ＿＿＿＿＿＿＿＿
   - ＿＿＿＿＿＿＿＿ ＿＿＿＿＿＿＿＿

3. conducir
   - 1人称 ＿＿＿＿＿＿＿＿ ＿＿＿＿＿＿＿＿
   - 2人称 ＿＿＿＿＿＿＿＿ ＿＿＿＿＿＿＿＿
   - 3人称 ＿＿＿＿＿＿＿＿ ＿＿＿＿＿＿＿＿

4. poner
   - ＿＿＿＿＿＿＿＿ ＿＿＿＿＿＿＿＿
   - ＿＿＿＿＿＿＿＿ ＿＿＿＿＿＿＿＿
   - ＿＿＿＿＿＿＿＿ ＿＿＿＿＿＿＿＿

5. oír
   - 1人称 ＿＿＿＿＿＿＿＿ ＿＿＿＿＿＿＿＿
   - 2人称 ＿＿＿＿＿＿＿＿ ＿＿＿＿＿＿＿＿
   - 3人称 ＿＿＿＿＿＿＿＿ ＿＿＿＿＿＿＿＿

6. volver
   - ＿＿＿＿＿＿＿＿ ＿＿＿＿＿＿＿＿
   - ＿＿＿＿＿＿＿＿ ＿＿＿＿＿＿＿＿
   - ＿＿＿＿＿＿＿＿ ＿＿＿＿＿＿＿＿

2. カッコ内の不定詞を接続法現在に活用させ、訳しなさい。

1. Os aconsejo que (ver) ＿＿＿＿＿＿＿＿ el paisaje del monte Fuji.
2. La pareja de Eduardo no permite que (asistir) ＿＿＿＿＿＿＿＿ a la fiesta.
3. Queremos que la azafata (traer) ＿＿＿＿＿＿＿＿ una cerveza.
4. El maestro nos prohíbe que (decir) ＿＿＿＿＿＿＿＿ palabrotas.
5. Sus padres le piden que (volver) ＿＿＿＿＿＿＿＿ a su casa a vivir con ellos.
6. Los vecinos de este barrio no desean que (empezar, ellos) ＿＿＿＿＿＿＿＿ a construir la guardería infantil.
7. Esperamos que les (encantar) ＿＿＿＿＿＿＿＿ el viaje a Japón.
8. Les mandáis a los alumnos que (llegar) ＿＿＿＿＿＿＿＿ a tiempo a la escuela.
9. Los nietos ruegan a la abuela que (hacer) ＿＿＿＿＿＿＿＿ una empanada.
10. Siempre dejamos que los jóvenes (jugar) ＿＿＿＿＿＿＿＿ al béisbol en el campo.

3. 例にならって文を書き換え、訳しなさい。

例 Quiero ver las obras de Picasso. (tú) →Quiero que veas las obras de Picasso.

1. Nuestra madre no desea conducir la moto. (nosotros)
2. No queremos sentarnos en este asiento. (los jóvenes)
3. No desean perder el tiempo. (vosotros)

LECCIÓN 25

I 接続法現在 (2) 　🔊 77

❶ 語幹母音変化動詞のうち -ir 動詞のもの…直説法現在の語幹母音変化＋1、2 人称複数でも語幹母音変化（e > i、o > u）、語尾は規則的

sentir (e>ie + e>*i*)

感じる	
sienta	sintamos
sientas	sintáis
sienta	sientan

dormir (o>ue + o>*u*)

眠る	
duerma	durmamos
duermas	durmáis
duerma	duerman

servir (e>i + e>*i*)

役に立つ	
sirva	sirvamos
sirvas	sirváis
sirva	sirvan

◆ 同型の動詞 mentir　morir　pedir　repetir　seguir (siga)　medir　elegir (elija)　corregir (corrija) (☞ Lec. 7)

❷ 完全に不規則な形式 　🔊 78

ir

行く	
vaya	vayamos
vayas	vayáis
vaya	vayan

ser

〜である	
sea	seamos
seas	seáis
sea	sean

saber

知る	
sepa	sepamos
sepas	sepáis
sepa	sepan

haber

（助動詞）	
haya	hayamos
hayas	hayáis
haya	hayan

dar

与える	
dé	demos
des	deis
dé	den

estar

〜である（状態）、いる、ある	
esté	estemos
estés	estéis
esté	estén

◆ 1 人称単数を覚えると、規則的に他の人称が想定できる。

◆ dé のアクセント記号は、前置詞の de との区別のために用いられている。

II 名詞節で用いられる接続法 (2) 　🔊 79

❶ 疑惑・否定・不確実の意味の主節＋ que ＋名詞節（接続法）

dudar 疑う　negar 否定する　ignorar 知らない　no ＋思考・知覚の意味の動詞　etc.

Dudamos / Negamos / Ignoramos　que eso sea cierto.

No creo / No pienso　que ella mienta.

❷ 感動・危惧の意味の主節＋ que ＋名詞節（接続法）

alegrarse de うれしく思う　estar contento de 満足している　lamentar, sentir 残念に思う

Me alegro de / Estoy contento de　que podáis venir a Japón.

Ellos lamentan / sienten　que el equipo no participe en el campeonato.

❸ 価値判断の意味の主節＋ que ＋名詞節（接続法）

◆ 主に es ＋形容詞で表される。単人称動詞の bastar 充分である　convenir 適切である　importar 重要である　なども用いられる。

Es necesario / Es bueno / Conviene que dejen de fumar inmediatamente. ＊ ☞ Lec.14

　cf. 確実性の意味の形容詞の場合、que ＋直説法。Es cierto / Está claro　que dejan de fumar.

1. 以下の動詞の接続法現在の活用形を書きなさい。

1. advertir

1人称 _____ _____

2人称 _____ _____

3人称 _____ _____

2. seguir

_____ _____

_____ _____

_____ _____

3. morir

1人称 _____ _____

2人称 _____ _____

3人称 _____ _____

4. repetir

_____ _____

_____ _____

_____ _____

2. カッコ内の不定詞を接続法現在に活用させ、訳しなさい。

1. Nos alegramos de que él (ir) _____ a Nueva York a estudiar.

2. Es importante que vosotros (estar) _____ sanos.

3. No es cierto que ella (ser) _____ una persona amable.

4. Os alegráis de que ellas (elegir) _____ vuestros productos.

5. Sentimos mucho que tu maleta no (servir) _____ para el viaje.

6. No me parece que mi hija (dormirse) _____ inmediatamente en el coche.

7. Parece que vosotros lamentáis que (llover) _____ esta tarde.

8. Conviene que tú no (dar) _____ tantos caramelos a los niños.

9. No creo que Ricardo (saber) _____ la verdad.

10. Es necesario que (estar, tú) _____ allí antes de las nueve.

3. カッコ内の不定詞を適切な形式に活用させ、訳しなさい。

1. Siento mucho que vosotros no (querer) _____ ir de excursión conmigo.

2. Creemos que Isabel (saber) _____ la verdad.

3. Lamentamos mucho que el cantante no (poder) _____ venir por el tifón.

4. Es cierto que ellas (ser) _____ millonarias.

5. Es extraño que mi marido (levantarse) _____ tan temprano.

6. Me alegro de que los novios (quererse) _____ mutuamente.

7. No es cierto que (haber) _____ una huelga mañana.

8. Parece que mi hermana (estar) _____ con Pedro ahora.

9. Los abuelos están contentos de que sus nietos (vivir) _____ cerca.

10. Dicen que ya no (quedar) _____ los billetes del concierto.

* Te digo que me escuches のように decir が願望の「するように言う」の意味で用いられることもある。

LECCIÓN
26

I 接続法過去 🔊 80

形式…全て直説法点過去 3 人称複数をもとに形成（共通の語尾、-ra 形と -se 形あり）

hablar (hablaron)

話す	
hablara	habláramos
hablaras	hablarais
hablara	hablaran

* -ron を -ra に

creer （creyeron） creyera creyeras creyera creyéramos …

sentir （sintieron） sintiera sintieras sintiera sintiéramos …

dormir （durmieron） durmiera durmieras durmiera …

◆ -se 形も意味は同じ　hablase hablases hablase hablásemos …

tener (tuvieron)

持つ	
tuviera	tuviéramos
tuvieras	tuvierais
tuviera	tuvieran

decir （dijeron） dijera dijeras dijera dijéramos dijerais …

ser, ir （fueron） fuera fueras fuera fuéramos fuerais fueran

◆ 不規則な点過去形 ☞ Lec.14

II 時制の一致（1）…主節と que 以下の従属節が同時（あるいは少しあと）の時 🔊 81

現在	Prohibimos	
現在完了	Hemos prohibido	que fuméis en este pasillo.
未来	Prohibiremos	接続法現在

◆ 接続法現在は未来の意味にも対応する。Creo que lloverá mañana. → No creo que llueva mañana.

点過去	Deseé	
線過去	Deseaba	que vinierais a la fiesta.
過去未来	Desearía	接続法過去
過去完了	Había deseado	

◆ 現在の文脈で婉曲の意味で用いられる過去未来も過去の扱いとなる。

III 形容詞節で用いられる接続法 🔊 82

Necesitamos a los intérpretes que viven en esta ciudad.　*a ＋人。☞ Lec. 6. II
特定の先行詞＋ que ＋形容詞節（直説法）

Necesitamos unos intérpretes que vivan en esta ciudad.
不特定の先行詞＋ que ＋形容詞節（接続法）

◆ ここで形容詞節を導入している que 以外の関係代名詞の場合も、同様の決まりが適用される。

Buscaban un joven que supiera conducir el camión.

No tengo ninguna amiga para quien (para la que) pueda comprar estas rosas.

1. 以下の動詞の接続法過去の活用形を書きなさい。

1. repetir

　　１人称 ＿＿＿＿＿＿＿＿＿＿　＿＿＿＿＿＿＿＿＿＿

　　２人称 ＿＿＿＿＿＿＿＿＿＿　＿＿＿＿＿＿＿＿＿＿

　　３人称 ＿＿＿＿＿＿＿＿＿＿　＿＿＿＿＿＿＿＿＿＿

2. oír

　　＿＿＿＿＿＿＿＿＿＿　＿＿＿＿＿＿＿＿＿＿

　　＿＿＿＿＿＿＿＿＿＿　＿＿＿＿＿＿＿＿＿＿

　　＿＿＿＿＿＿＿＿＿＿　＿＿＿＿＿＿＿＿＿＿

3. ponerse

　　１人称 ＿＿＿＿＿＿＿＿＿＿　＿＿＿＿＿＿＿＿＿＿

　　２人称 ＿＿＿＿＿＿＿＿＿＿　＿＿＿＿＿＿＿＿＿＿

　　３人称 ＿＿＿＿＿＿＿＿＿＿　＿＿＿＿＿＿＿＿＿＿

4. dar

　　＿＿＿＿＿＿＿＿＿＿　＿＿＿＿＿＿＿＿＿＿

　　＿＿＿＿＿＿＿＿＿＿　＿＿＿＿＿＿＿＿＿＿

　　＿＿＿＿＿＿＿＿＿＿　＿＿＿＿＿＿＿＿＿＿

2. カッコ内の不定詞を適切な接続法現在あるいは接続法過去（-ra 形・-se 形いずれも可）に活用させ、訳しなさい。尚、いずれも時制の一致（1）に従っています。

1. Los abuelos lamentaron que sus nietos (vivir) ＿＿＿＿＿＿＿＿ lejos de su país.

2. Mi madre prohibía que yo (conducir) ＿＿＿＿＿＿＿＿ la motocicleta.

3. No estará claro que mis amigos (venir) ＿＿＿＿＿＿＿＿ a Japón este invierno.

4. Sería difícil que (conseguir, nosotros) ＿＿＿＿＿＿＿＿ el billete de la corrida.

5. Los padres sentían mucho que su hijo no (querer) ＿＿＿＿ casarse con nadie.

6. No creíamos que Alejandro y tú (decir) ＿＿＿＿＿＿＿＿ mentiras.

7. Era extraño que Laura (levantarse) ＿＿＿＿＿＿＿＿ tan temprano.

8. Ha sido necesario que me (traer, tú) ＿＿＿＿＿＿＿＿ la llave de la oficina.

9. Será imposible que (ir, vosotros) ＿＿＿＿＿＿＿＿ a México a estudiar.

10. Hemos dudado que (llover) ＿＿＿＿＿＿＿＿ por la mañana.

3. カッコ内の不定詞を活用させ、形容詞節の文を完成させて訳しなさい。

1. Quiero unos zapatos que no (ser) ＿＿＿＿＿＿＿＿ tan caros.

2. No conocéis a nadie que (saber) ＿＿＿＿＿＿＿＿ tocar la guitarra, ¿verdad?

3. Buscábamos una casa que (estar) ＿＿＿＿＿＿＿＿ en las afueras de la ciudad.

4. En aquella tienda no había nada que (querer, nosotros) ＿＿＿＿＿＿＿＿ comprar.

5. ¿Hay alguna chimenea por la que Papá Noel (poder) ＿＿＿＿＿＿＿＿ entrar?

6. En mi clase no hay nadie que (levantarse) ＿＿＿＿＿＿＿＿ tan temprano.

7. Ella no tenía ninguna amiga con quien (celebrar) ＿＿＿＿＿＿＿＿ su cumpleaños.

8. Necesitaban tres hombres que (saber) ＿＿＿＿＿＿＿＿ conducir los autocares.

9. Necesitaban un coche de segunda mano que (poder) ＿＿＿＿＿＿＿＿ llevar la bicicleta.

10. Habrá un lugar que (querer, tú) ＿＿＿＿＿＿＿＿ visitar en el viaje.

LECCIÓN 27

I 接続法現在完了 🔊 83

形式…助動詞 haber の接続法現在 (haya, hayas…) ＋過去分詞 (不変化)

hablar

話す	
haya hablado	hayamos hablado
hayas hablado	hayáis hablado
haya hablado	hayan hablado

ver

見る	
haya visto	hayamos visto
hayas visto	hayáis visto
haya visto	hayan visto

II 接続法過去完了 🔊 84

形式…助動詞 haber の接続法過去 (hubie*ron* → hubiera, hubieras…) ＋過去分詞 (不変化)

hablar

話す	
hubiera hablado	hubiéramos hablado
hubieras hablado	hubierais hablado
hubiera hablado	hubieran hablado

decir

言う	
hubiera dicho	hubiéramos dicho
hubieras dicho	hubierais dicho
hubiera dicho	hubieran dicho

◆ -se 形も同じ意味で用いられる。hubiese dicho, hubieses dicho, hubiese dicho, hubiésemos dicho…

III 時制の一致（2）…que 以下の従属節が主節よりも前の動作のとき 🔊 85

現在　No creemos que
  hayan vuelto esta mañana.　接続法現在完了
  volvieran anoche.　接続法過去

点過去　No creímos que
線過去　No creíamos que
  hubieran vuelto la noche anterior.　接続法過去完了

¿Hay alguien que haya visitado / visitara la Plaza Mayor de Salamanca?
Todos estábamos contentos de que hubieras podido venir a Japón.

IV 副詞節で用いられる接続法（1） 🔊 86

La madre compra estos libros
  deprisa.　副詞
  para que su hijo estudie más.　副詞節

◆ 副詞節を導入する**接続詞（句）**が法を決定する。

❶ 目的の副詞節を導入する接続詞（句）

para que ～するために　a fin de que ～のために　de manera que ～するために　etc.
Ellos mandaron dinero a su hijo **a fin de que** comprara un coche.
Para que consiguieras el billete, teníamos que llamarlos por teléfono.

◆ 主節と同じ主語の場合、para ＋不定詞　La madre compra estos libros para estudiar.

1. カッコ内の不定詞を接続法現在完了形に活用させ、訳しなさい。

1. Nos alegramos mucho de que vosotros (volver) _____ .

2. Ellos buscan una persona que (visitar) _____ Cuba.

3. Ellos niegan que el alcalde (estar) _____ enfermo.

4. Basta que los jugadores (poder) _____ llegar al estadio.

5. No creo que vuestra relación (romperse) _____ para el fin de semana.

2. カッコ内の不定詞を接続法過去に活用させ、訳しなさい。

1. Es extraño que Javier (estar) _____ allí con sus amigas.

2. Mi coche estará en alguna calle en que tú (aparcar) _____ anoche.

3. No me parece que los candidatos (mentir) _____ .

4. ¿Hay alguien que ayer (dar) _____ comida a los gatos?

5. No pensamos que (haber) _____ tanta gente ayer en la plaza mayor.

3. カッコ内の不定詞を接続法過去完了に活用させ、訳しなさい。

1. Era dudoso que vosotros (llegar) _____ a tiempo.

2. La Guardia Civil buscaba unos informantes que (participar) _____ en la manifestación.

3. Lamentamos mucho que tú no (aprobar) _____ el examen.

4. Sentían mucho que la escritora (decir) _____ tal opinión.

5. No creía que sus relaciones (romperse) _____ .

4. カッコ内の不定詞を活用させ、目的の副詞節を完成させて訳しなさい

1. De manera que no (poder, nosotros) _____ oírlos, siempre hablan en voz baja.

2. Tuvo que ahorrar dinero para que sus hijos lo (pasar) _____ bien en Granada.

3. Oculto la llave del coche para que mi marido no lo (conducir) _____ .

4. A fin de que no (hacer, tú) _____ esperar a tu familia, debemos terminar esto pronto.

5. Para que (resolverse) _____ el problema, hay que entablar negociaciones.

6. Paco dio una contribución a fin de que la iglesia (ser) _____ restaurada.

7. De manera que la gente (vivir) _____ más libremente que ahora, el presidente cambiará el país.

8. Los hacíamos dormir a las ocho para que (levantarse) _____ pronto.

Ⅰ 副詞節で用いられる接続法（2）

◁)) 87

❶ 時の副詞節を導入する接続詞（句）

cuando 〜するときに	después de que 〜したあとで	hasta que 〜するまで
antes de que 〜する前に	en cuanto 〜するとすぐ　etc.	

◆ 現在の習慣、過去の動作を表す場合には直説法、未来の動作を表す場合には接続法が用いられる。ただし、antes de que 〜する前に のように接続法が用いられるのが常であるものもある。

Ryota visita Asakusa todos los veranos **cuando** <u>vienen</u> sus amigos a Japón.（現在の習慣）

Ryota visitaba Asakusa **cuando** <u>venían</u> sus amigos a Japón.（過去の動作）

Ryota visitará Asakusa **cuando** vengan sus amigos a Japón.（未来の動作）

Los espectadores se quedarán allí **hasta que** aparezcan los toreros.

Después de que terminen los exámenes, iremos de bares con tus amigas.

Antes de que empezara la huelga, tuve que irme a casa de mis padres.

❷ 条件の副詞節を導入する接続詞（句）

◁)) 88

a condición de que 〜という条件で	en caso de que 〜の場合は	con tal de que 〜するなら
a menos que 〜するのでない限り	a no ser que 〜でなければ	siempre que 〜という条件で　etc.

Te presto mi bicicleta **a condición de que** me la devuelvas mañana.

En caso de que no nieve, tendremos que asistir al entrenamiento.

No habrá ningún problema **con tal de que** respetéis la hora.

No podían salir de la fábrica **a menos que** tuvieran permiso de su jefe.

A no ser que tengamos una batería externa, no podemos ver una película entera.

❸ 譲歩の副詞節を導入する接続詞（句）　＊基本的用法　◁)) 89

aunque たとえ〜であっても	por mucho que どんなに〜しても	a pesar de que 〜しても
por muy ＋形容詞 / 副詞＋ que どんなに（形容詞 / 副詞）であっても　etc.		

◆ 接続法が用いられると仮定的な譲歩、直説法だと事実に対する譲歩。

Aunque llueva, los chicos juegan a la pelota en la calle.
接続法…たとえ雨が降ろうと（仮定的）、少年たちは通りでボール遊びをする。

Aunque <u>llueve</u>, los chicos juegan a la pelota en la calle.
直説法…（実際に）雨が降ってはいるが、少年たちは通りでボール遊びをする。

Por mucho que durmáis, parece que tenéis sueño durante la clase.

Por muy dura que sea la vida, puedo ver el amor en tus ojos.

EJERCICIO 28

1. カッコ内の不定詞を接続法に活用させ、時の副詞節の文を完成させて訳しなさい。

1. Después de que (terminar) _____ el concierto, ¿por qué no vamos a cenar?

2. No vuelvo hasta que me (devolver, tú) _____ el dinero prestado.

3. Os llamaremos en cuanto (llegar, nosotros) _____ allí.

4. Cuando (hacer) _____ sol, ellos irán al campo a cosechar.

5. Él pensaría casarse con su novia antes de que (irse) _____ a la guerra.

2. カッコ内の不定詞を接続法に活用させ、条件の副詞節の文を完成させて訳しなさい。

1. En caso de que nos (acompañar, tú) _____ , haremos un viaje a Europa.

2. No podemos alquilarla a menos que (pagar, nosotros) _____ el importe.

3. No prestaré ninguna ayuda a no ser que mi opinión (ser) _____ aceptada.

4. A condición de que no se lo (decir, vosotros) _____ a nadie, os diré mi secreto.

5. Con tal de que (ir, tú) _____ en metro, no habrá problemas.

3. カッコ内の不定詞を接続法に活用させ、譲歩の副詞節の文を完成させて訳しなさい。

1. Por mucho que (estudiar, yo) _____ , no llegaré a leer el árabe.

2. Aunque (cometer, ellos) _____ un crimen, son mis amigos íntimos.

3. Por muy poco que (cobrar, tú) _____ , tienes que pagar los impuestos.

4. A pesar de que (tardar, nosotros) _____ mucho tiempo en pagar las deudas, compraremos un yate algún día.

5. Por muy antipáticas que (ser, ellas) _____ , Arturo será amable con ellas.

4. カッコ内の不定詞を適切な形式に活用させ、文を完成させて訳しなさい。

1. Los turistas volvieron a su país antes de que (llegar) _____ el tifón.

2. Volveré a Japón después de que (terminar) _____ la Semana Santa.

3. Solían ir a ver los cerezos cuando (venir, tú) _____ a Japón cada primavera.

4. Los alumnos esperarán aquí hasta que ella y tú (venir) _____ .

5. Aunque (nevar) _____ , mis perros duermen en el jardín.

6. En caso de que mi novia no (querer) _____ ir al cine, iremos al teatro.

付　　録

I　音節

❶　音節とは

単語の中の音のまとまりを音節と呼ぶ。1つの音節の組み合わせのパターンは母音、子音＋母音、子音＋母音＋子音、母音＋子音で、単音節語の例は次のようになる。

母音	a	y
子音＋母音	mi	té
子音＋母音＋子音	las	sol
母音＋子音	en	os

❷　二重母音と二重子音

上で言及した「母音」、「子音」が、2つの母音、2つの子音から成る場合がある。それぞれ二重母音、二重子音と呼ばれる。dl、tl は二重子音ではない。ch、ll、rr も 1 つの子音として扱う。

二重母音　　ai au ei eu oi ou ia ua ie ue io uo iu ui

二重子音　　bl br cl cr fl fr gl gr pl pr dr tr

❸　音節の分け方

a. 2 つの母音に挟まれた子音は後ろの母音につく（母－子母）

　　ca-sa　　jo-ven　　pa-dre　　pe-rro　　co-che　　si-lla　　ai-re　　a-gua

b. 母音間の 2 つの子音は前後に分かれる（母子－子母）

　　nor-mal　　gus-to　　ham-bre

c. 母音間の 3 つの母音ははじめの 2 つが前に、残り 1 つが後ろに分かれる（母子子－子母）

　　ins-tin-to　　cons-truc-ción

d. 母音分立にある母音は別の音節になる（母－母）

　　mu-se-o　　ta-re-a　　ca-fe-te-rí-a

II　感嘆文

文頭に倒立の感嘆符（¡）を用いる。

¡Mamá! 母さん！　　　　¡Veinte mil euros! 2万ユーロ！

¡Socorro! 助けて！　　　¡Fuego! 火事だ！　　　¡Ladrón! 泥棒！

いくつかの疑問詞を用いて感嘆文を形成することができる。

¡Qué útiles son estos diccionarios!　　　（qué ＋形容詞）これらの辞書は何と便利なことか！

¡Qué temprano se levanta José!　　　　（qué ＋副詞）ホセは何と早く起きることか！

¡Qué baño más (tan) sucio!　　　　　　（qué ＋名詞）なんて汚いトイレだ！

¡Cuánto me alegro de verte!　　　　　君に会えてどんなにうれしいことか！

¡Cómo pasa el tiempo!　　　　　　　何と（早く）時間が過ぎることか！

Ⅲ 関係副詞と関係形容詞

❶ 関係副詞 donde

Esta es la casa donde nació el conquistador.

* 先行詞は場所。ここでは en que、en la que を用いることもできる。

Esta fue la chimenea por donde Papá Noel había entrado.

* 前置詞を伴っても用いられる。por la que も可。

Vete a donde quieras.

* 独立用法でも用いられる。

❷ 関係形容詞 cuyo（cuyos, cuya, cuyas） 先行詞 + cuyo + 名詞 + 節

Alfredo es el periodista cuyas hermanas son fotógrafas. * 先行詞を所有者ととる。

Esta es la compañía cuya fábrica está en Gijón.

Ⅳ 独立節（従属節ではない）で用いられる接続法

❶ 願望文

¡**Ojalá** te guste esta canción!　　　　君にこの歌が気に入ればいいのだが。

¡**Que** no llueva mañana!　　　　明日雨が降りませんように。

✦ ojalá は間投詞、que は接続詞。

❷ quizá と tal vez

実現に対する疑惑の度合いが高い場合には接続法、低い場合には直説法が用いられる。

Quizá habrá mucha gente en la calle. 直説法

多分おもてには沢山の人がいるのだろう。

Quizá haya mucha gente en la calle. 接続法

Tal vez os estén / están esperando. 多分彼らは君たちを待っているのだろう。

✦ acaso、posiblemente、probablemente 等でも同様の文を形成する。

Ⅴ 肯定命令

* 命令という名称であるが、依頼や勧誘の意味でも用いられる。

❶ 形式

cantar	
歌う	
―	cantemos (nosotros)
canta (tú)	cantad (vosotros)
cante (usted)	canten (ustedes)

poner	
置く	
―	pongamos
pon	poned
ponga	pongan

✦ 2人称単数は、①直説法現在 3 人称単数をそのまま流用、②独自の形式　のいずれかである。

tener → ten　　　　salir → sal　　　　hacer → haz　　　　decir → di

venir → ven　　　　ser → sé　　　　ir → ve etc.

✦ 2人称複数は不定詞の語末の -r を -d に変えるだけである。他の人称は接続法現在を用いる。

◆ 1人称複数は、勧誘の vamos a ＋不定詞「～しましょう」に相当する意味である。尚、ir の1人称複数の肯定命令は vamos を用いる。

◆ 主語を用いる場合には後置する。

◆ 目的格人称代名詞は前接の位置で用い、一語にする。

Regála<u>les</u> estas flores.　Lavad<u>los</u> inmediatamente.

❷ 再帰動詞の形式

levantarse

起きる	
—	levantémonos
levántate	levantaos
levántese	levántense

ponerse

身につける	
—	pongámonos
ponte	poneos
póngase	pónganse

◆ 再帰代名詞も前接の位置で用い、一語にする。

◆ 1人称複数では s が消失、即ち ×levantemos<u>s</u>nos　◎ levantémonos。
2人称複数では d が消失、即ち ×levanta<u>d</u>os　◎ levantaos。
ただし irse の場合には d は消失しない。即ち、◎ idos。

VI 否定命令

形式… no ＋接続法現在（全ての人称）

cantar

歌う	
—	no cantemos (nosotros)
no cantes (tú)	no cantéis (vosotros)
no cante (usted)	no canten (ustedes)

ponerse

身につける	
—	no nos pongamos
no te pongas	no os pongáis
no se ponga	no se pongan

◆ 無強勢代名詞（目的格人称代名詞と再帰代名詞）は、否定命令で用いられる場合には、活用形である接続法現在の直前に置く。

No <u>les</u> regales estas flores.　　No <u>los</u> lavéis todavía.

Mamá, me quiero quitar la gorra. —No <u>te la</u> quites porque hace mucho sol.

VII 条件文

si を用いた条件文の概要：

接続詞 si によって導入される条件節は副詞節であるが、法や時制に注意すべき点がある。

構造：si ＋従属節（直説法 / 接続法），主節　　　*ここでは従属節を前提節、主節を帰結節とも呼ぶ。

　　　　　　　　もし～なら、　～だろう

❶ 事実に反しない条件文…単なる条件

構造：si ＋従属節（直説法現在），主節（直説法現在、未来、命令）　　　*接続法は用いない

Si *tengo* monedas sueltas, <u>suelo</u> comprar un periódico deportivo.　直説法現在

Si *tenemos* tiempo, <u>visitaremos</u> la bodega.　　　未来

　　　　　　　　　* ×Si tengamos　×Si tendremos　×Si tendríamos

Si *llegas* a Narita, <u>llámanos</u> por teléfono.　　命令

❷ 反事実の条件文 (1) …現在の仮定

構造：**si** ＋従属節（接続法過去）, 主節（過去未来）　　　　　　　　＊ 接続法現在は用いない

　　（今）もし〜だったとしたら、〜するのにな

Si yo estuviera en Madrid, podría ver esta corrida de toros.

もし今マドリードにいたとしたら（実際にはいない）、この闘牛を見られるのにな。

Si me tocara la lotería, compraría el chalé en Ibiza.

もし私に宝くじが当たったとしたら（実は買っていない）、イビサ島でその別荘を買うのにな。

◆ 従属節の接続法過去は、–se 形を用いることもできる。

◆ 帰結の主節に用いられるこの過去未来は、Lec.21 I. ② 4. の用法である。帰結の主節が単独で用いられる場合は、条件の従属節が省略されたものと説明される。

　　Compraría el chalé.（特に明示されないが、ある条件の下でなら）その別荘を買うのにな。

❸ 反事実の条件文 (2) …過去の仮定

構造：**si** ＋従属節（接続法過去完了）, 主節（過去未来完了）

　　（あの時）もし〜だったとしたら、（その時）〜したのにな

Si me hubiera tocado la lotería entonces, lo habría comprado.

Si nos hubiéramos levantado más temprano, habríamos visto el teatro desde el principio.

◆ 従属節の接続法過去完了は、–se 形を用いることもできる。

◆ 帰結の主節の過去未来完了 habríamos visto は、接続法過去完了の -ra 形 hubiera visto を用いて表すこともできる。

◆ 接続法過去の -ra 形は、ラテン語の直説法過去完了に由来する。もともと直説法であったことが、主節で用いられることの理由となっている。現代スペイン語でも、-ra 形は点過去の代わりに用いられることがある。-se 形はラテン語の接続法過去完了に由来する。もとから接続法であったので、主節で用いられたことはなかったのだろう。

VIII　aunque を用いた反事実の譲歩文

譲歩の副詞節を導入する **aunque**（Lec.28）は、反事実の譲歩文を表すことができる。その場合の法と時制は、**si** を用いた反事実の条件文（付録 VII, 2）に従う。

Aunque lloviera ahora, los chicos jugarían a la pelota.　　　＊ 現在の反事実

　今たとえ雨が降っていても（実際には晴れ）、少年たちはボール遊びをするだろう。

Aunque hubiera llovido ayer, los chicos habrían jugado a la pelota.　＊ 過去の反事実

　昨日たとえ雨が降っていたとしても（実際には晴れだった）、少年たちはボール遊びをしただろう。

ちなみに、**Aunque llueva**「たとえ雨が降ろうと」は、実際に雨が降っているかどうかに関して無関係に用いられる。**Aunque llueve** は、実際の降雨についての譲歩であることは既述の通り。

IX 基数

❶ 30 ～ 101

30 treinta	40 cuarenta	70 setenta	100 cien
31 treinta y uno	50 cincuenta	80 ochenta	101 ciento uno
32 treinta y dos	60 sesenta	90 noventa	

◆ 100 ちょうどの場合には cien、101 以降には ciento を用いる。

◆ y は十の位と一の位の間で用いる。　× ciento y uno

treinta y un libros　　treinta y una casas　　cien libros　　ciento un libros

❷ 200 ～ 900

200 doscientos	500 quinientos	800 ochocientos
300 trescientos	600 seiscientos	900 novecientos
400 cuatrocientos	700 setecientos	

◆ 200 以降には女性形がある。

doscientas casas　　doscientos libros

❸ 1000 ～

1.000 mil	100.000	cien mil
2.000 dos mil	1.000.000	un millón
10.000 diez mil	15.000.000	quince millones
12.000 doce mil		

567.890　quinientos sesenta y siete mil ochocientos noventa

◆ 桁区切りには慣用として punto（．）を用いる。millón には複数形 millones がある。

X 序数

1º primero	2º segundo	3º tercero	4º cuarto	5º quinto
6º sexto	7º séptimo	8º octavo	9º noveno	10º décimo

❶ 主に名詞の前で用いられ、性数一致する。

la segunda guerra mundial　　los primeros días de este mes

ただし、primer ＋男性名詞単数　tercer ＋男性名詞単数

el primer ministro de Japón　　el tercer capítulo de este libro

❷ 11 番目以降も序数はあるが、基数を用いることが多い。

動詞活用表

	直説法現在	直説法点過去	直説法線過去	直説法未来
hablar 話す 現在分詞 hablando 過去分詞 hablado	hablo hablas habla hablamos habláis hablan	hablé hablaste habló hablamos hablasteis hablaron	hablaba hablabas hablaba hablábamos hablabais hablaban	hablaré hablarás hablará hablaremos hablaréis hablarán
comer 食べる 現在分詞 comiendo 過去分詞 comido	como comes come comemos coméis comen	comí comiste comió comimos comisteis comieron	comía comías comía comíamos comíais comían	comeré comerás comerá comeremos comeréis comerán
vivir 住む・生きる 現在分詞 viviendo 過去分詞 vivido	vivo vives vive vivimos vivís viven	viví viviste vivió vivimos vivisteis vivieron	vivía vivías vivía vivíamos vivíais vivían	viviré vivirás vivirá viviremos viviréis vivirán
levantarse 起きる 現在分詞 levantándose 過去分詞 levantado	me levanto te levantas se levanta nos levantamos os levantáis se levantan	me levanté te levantaste se levantó nos levantamos os levantasteis se levantaron	me levantaba te levantabas se levantaba nos levantábamos os levantabais se levantaban	me levantaré te levantarás se levantará nos levantaremos os levantaréis se levantarán
conocer 知っている 現在分詞 conociendo 過去分詞 conocido	*conozco* conoces conoce conocemos conocéis conocen	conocí conociste conoció conocimos conocisteis conocieron	conocía conocías conocía conocíamos conocíais conocían	conoceré conocerás conocerá conoceremos conoceréis conocerán
dar 与える 現在分詞 dando 過去分詞 dado	*doy* das da damos *dais* dan	*di* *diste* *dio* *dimos* *disteis* *dieron*	daba dabas daba dábamos dabais daban	daré darás dará daremos daréis darán
decir 言う 現在分詞 *diciendo* 過去分詞 *dicho*	*digo* *dices* *dice* decimos decís *dicen*	*dije* *dijiste* *dijo* *dijimos* *dijisteis* *dijeron*	decía decías decía decíamos decíais decían	*diré* *dirás* *dirá* *diremos* *diréis* *dirán*
dormir 眠る 現在分詞 *durmiendo* 過去分詞 dormido	*duermo* *duermes* *duerme* dormimos dormís *duermen*	dormí dormiste *durmió* dormimos dormisteis *durmieron*	dormía dormías dormía dormíamos dormíais dormían	dormiré dormirás dormirá dormiremos dormiréis dormirán
estar ～である（状態）、 いる、ある 現在分詞 estando 過去分詞 estado	*estoy* *estás* *está* estamos estáis *están*	*estuve* *estuviste* *estuvo* *estuvimos* *estuvisteis* *estuvieron*	estaba estabas estaba estábamos estabais estaban	estaré estarás estará estaremos estaréis estarán

直説法過去未来	肯定命令	接続法現在	接続法過去 -ra	同じ活用の動詞
hablaría hablarías hablaría hablaríamos hablaríais hablarían	— habla hable hablemos hablad hablen	hable hables hable hablemos habléis hablen	hablara hablaras hablara habláramos hablarais hablaran	AR 動詞規則活用
comería comerías comería comeríamos comeríais comerían	— come coma comamos comed coman	coma comas coma comamos comáis coman	comiera comieras comiera comiéramos comierais comieran	ER 動詞規則活用
viviría vivirías viviría viviríamos viviríais vivirían	— vive viva vivamos vivid vivan	viva vivas viva vivamos viváis vivan	viviera vivieras viviera viviéramos vivierais vivieran	IR 動詞規則活用
me levantaría te levantarías se levantaría nos levantaríamos os levantaríais se levantarían	— levántate levántese levantémonos levantaos levántense	me levante te levantes se levante nos levantemos os levantéis se levanten	me levantara te levantaras se levantara nos levantáramos os levantarais se levantaran	再帰動詞
conocería conocerías conocería conoceríamos conoceríais conocerían	— conoce conozca conozcamos conoced conozcan	*conozca* *conozcas* *conozca* *conozcamos* *conozcáis* *conozcan*	conociera conocieras conociera conociéramos conocierais conocieran	agradecer nacer obedecer ofrecer parecer
daría darías daría daríamos daríais darían	— da dé demos dad den	*dé* des *dé* demos deis den	*diera* *dieras* *diera* *diéramos* *dierais* *dieran*	
diría *dirías* *diría* *diríamos* *diríais* *dirían*	— *di* diga digamos decid digan	*diga* *digas* *diga* *digamos* *digáis* *digan*	*dijera* *dijeras* *dijera* *dijéramos* *dijerais* *dijeran*	
dormiría dormirías dormiría dormiríamos dormiríais dormirían	— duerme duerma durmamos dormid duerman	*duerma* *duermas* *duerma* *durmamos* *durmáis* *duerman*	*durmiera* *durmieras* *durmiera* *durmiéramos* *durmierais* *durmieran*	morir
estaría estarías estaría estaríamos estaríais estarían	— está esté estemos estad estén	*esté* *estés* *esté* estemos estéis *estén*	*estuviera* *estuvieras* *estuviera* *estuviéramos* *estuvierais* *estuvieran*	

	直説法現在	直説法点過去	直説法線過去	直説法未来
haber 〜がある、［助動詞］ 現在分詞 habiendo 過去分詞 habido	*he* *has* *ha; hay* *hemos* habéis *han*	*hube* *hubiste* *hubo* *hubimos* *hubisteis* *hubieron*	había habías había habíamos habíais habían	*habré* *habrás* *habrá* *habremos* *habréis* *habrán*
hacer する、作る 現在分詞 haciendo 過去分詞 *hecho*	*hago* haces hace hacemos hacéis hacen	*hice* *hiciste* *hizo* *hicimos* *hicisteis* *hicieron*	hacía hacías hacía hacíamos hacíais hacían	*haré* *harás* *hará* *haremos* *haréis* *harán*
ir 行く 現在分詞 *yendo* 過去分詞 ido	*voy* *vas* *va* *vamos* *vais* *van*	*fui* *fuiste* *fue* *fuimos* *fuisteis* *fueron*	iba ibas iba íbamos ibais iban	iré irás irá iremos iréis irán
jugar 遊ぶ 現在分詞 jugando 過去分詞 jugado	*juego* *juegas* *juega* jugamos jugáis *juegan*	*jugué* jugaste jugó jugamos jugasteis jugaron	jugaba jugabas jugaba jugábamos jugabais jugaban	jugaré jugarás jugará jugaremos jugaréis jugarán
leer 読む 現在分詞 *leyendo* 過去分詞 *leído*	leo lees lee leemos leéis leen	leí *leíste* leyó *leímos* *leísteis* leyeron	leía leías leía leíamos leíais leían	leeré leerás leerá leeremos leeréis leerán
oír 聞こえる 現在分詞 oyendo 過去分詞 oído	*oigo* *oyes* *oye* *oímos* *oís* *oyen*	oí *oíste* oyó *oímos* *oísteis* oyeron	oía oías oía oíamos oíais oían	oiré oirás oirá oiremos oiréis oirán
pedir 求める 現在分詞 *pidiendo* 過去分詞 pedido	*pido* *pides* *pide* pedimos pedís *piden*	pedí pediste *pidió* pedimos pedisteis *pidieron*	pedía pedías pedía pedíamos pedíais pedían	pediré pedirás pedirá pediremos pediréis pedirán
pensar 考える 現在分詞 pensando 過去分詞 pensado	*pienso* *piensas* *piensa* pensamos pensáis *piensan*	pensé pensaste pensó pensamos pensasteis pensaron	pensaba pensabas pensaba pensábamos pensabais pensaban	pensaré pensarás pensará pensaremos pensaréis pensarán
poder 〜できる 現在分詞 *pudiendo* 過去分詞 podido	*puedo* *puedes* *puede* podemos podéis *pueden*	*pude* *pudiste* *pudo* *pudimos* *pudisteis* *pudieron*	podía podías podía podíamos podíais podían	*podré* *podrás* *podrá* *podremos* *podréis* *podrán*

直説法過去未来	肯定命令	接続法現在	接続法過去 -ra	同じ活用の動詞
habría	—	*haya*	*hubiera*	
habrías	*he*	*hayas*	*hubieras*	
habría	haya	*haya*	*hubiera*	
habríamos	hayamos	*hayamos*	*hubiéramos*	
habríais	habed	*hayáis*	*hubierais*	
habrían	hayan	*hayan*	*hubieran*	
haría	—	*haga*	*hiciera*	
harías	*haz*	*hagas*	*hicieras*	
haría	haga	*haga*	*hiciera*	
haríamos	hagamos	*hagamos*	*hiciéramos*	
haríais	haced	*hagáis*	*hicierais*	
harían	hagan	*hagan*	*hicieran*	
iría	—	vaya	*fuera*	
irías	*ve*	vayas	*fueras*	
iría	vaya	vaya	*fuera*	
iríamos	*vamos*	vayamos	*fuéramos*	
iríais	id	vayáis	*fuerais*	
irían	vayan	vayan	*fueran*	
jugaría	—	*juegue*	jugara	
jugarías	juega	*juegues*	jugaras	
jugaría	juegue	*juegue*	jugara	
jugaríamos	juguemos	*juguemos*	jugáramos	
jugaríais	jugad	*juguéis*	jugarais	
jugarían	jueguen	*jueguen*	jugaran	
leería	—	lea	*leyera*	creer
leerías	lee	leas	*leyeras*	
leería	lea	lea	*leyera*	
leeríamos	leamos	leamos	*leyéramos*	
leeríais	leed	leáis	*leyerais*	
leerían	lean	lean	*leyeran*	
oiría	—	*oiga*	oyera	
oirías	oye	*oigas*	oyeras	
oiría	oiga	*oiga*	oyera	
oiríamos	oigamos	*oigamos*	oyéramos	
oiríais	oíd	*oigáis*	oyerais	
oirían	oigan	*oigan*	oyeran	
pediría	—	*pida*	*pidiera*	medir
pedirías	pide	*pidas*	*pidieras*	repetir
pediría	pida	*pida*	*pidiera*	servir
pediríamos	pidamos	*pidamos*	*pidiéramos*	vestir
pediríais	pedid	*pidáis*	*pidierais*	
pedirían	pidan	*pidan*	*pidieran*	
pensaría	—	*piense*	pensara	cerrar
pensarías	piensa	*pienses*	pensaras	sentar
pensaría	piense	*piense*	pensara	
pensaríamos	pensemos	*pensemos*	pensáramos	
pensaríais	pensad	*penséis*	pensarais	
pensarían	piensen	*piensen*	pensaran	
podría	—	*pueda*	*pudiera*	
podrías	puede	*puedas*	*pudieras*	
podría	pueda	*pueda*	*pudiera*	
podríamos	podamos	podamos	*pudiéramos*	
podríais	poded	podáis	*pudierais*	
podrían	puedan	*puedan*	*pudieran*	

	直説法現在	直説法点過去	直説法線過去	直説法未来
poner 置く 現在分詞 poniendo 過去分詞 *puesto*	*pongo* pones pone ponemos ponéis ponen	*puse* *pusiste* *puso* *pusimos* *pusisteis* *pusieron*	ponía ponías ponía poníamos poníais ponían	*pondré* *pondrás* *pondrá* *pondremos* *pondréis* *pondrán*
querer 欲する 現在分詞 queriendo 過去分詞 querido	*quiero* *quieres* *quiere* queremos queréis *quieren*	*quise* *quisiste* *quiso* *quisimos* *quisisteis* *quisieron*	quería querías quería queríamos queríais querían	*querré* *querrás* *querrá* *querremos* *querréis* *querrán*
saber 知っている 現在分詞 sabiendo 過去分詞 sabido	*sé* sabes sabe sabemos sabéis saben	*supe* *supiste* *supo* *supimos* *supisteis* *supieron*	sabía sabías sabía sabíamos sabíais sabían	*sabré* *sabrás* *sabrá* *sabremos* *sabréis* *sabrán*
salir 出る 現在分詞 saliendo 過去分詞 salido	*salgo* sales sale salimos salís salen	salí saliste salió salimos salisteis salieron	salía salías salía salíamos salíais salían	*saldré* *saldrás* *saldrá* *saldremos* *saldréis* *saldrán*
sentir 感じる 現在分詞 *sintiendo* 過去分詞 sentido	*siento* *sientes* *siente* sentimos sentís *sienten*	sentí sentiste *sintió* sentimos sentisteis *sintieron*	sentía sentías sentía sentíamos sentíais sentían	sentiré sentirás sentirá sentiremos sentiréis sentirán
ser 〜である 現在分詞 siendo 過去分詞 sido	*soy* *eres* *es* *somos* *sois* *son*	*fui* *fuiste* *fue* *fuimos* *fuisteis* *fueron*	*era* *eras* *era* *éramos* *erais* *eran*	seré serás será seremos seréis serán
tener 持つ 現在分詞 teniendo 過去分詞 tenido	*tengo* *tienes* *tiene* tenemos tenéis *tienen*	*tuve* *tuviste* *tuvo* *tuvimos* *tuvisteis* *tuvieron*	tenía tenías tenía teníamos teníais tenían	*tendré* *tendrás* *tendrá* *tendremos* *tendréis* *tendrán*
venir 来る 現在分詞 *viniendo* 過去分詞 venido	*vengo* *vienes* *viene* venimos venís *vienen*	*vine* *viniste* *vino* *vinimos* *vinisteis* *vinieron*	venía venías venía veníamos veníais venían	*vendré* *vendrás* *vendrá* *vendremos* *vendréis* *vendrán*
ver 見る、見える 現在分詞 viendo 過去分詞 *visto*	*veo* ves ve vemos *veis* ven	*vi* *viste* *vio* *vimos* *visteis* *vieron*	*veía* *veías* *veía* *veíamos* *veíais* *veían*	veré verás verá veremos veréis verán

直説法過去未来	肯定命令	接続法現在	接続法過去 -ra	同じ活用の動詞
pondría	—	*ponga*	*pusiera*	oponer
pondrías	*pon*	*pongas*	*pusieras*	proponer
pondría	ponga	*ponga*	*pusiera*	suponer
pondríamos	pongamos	*pongamos*	*pusiéramos*	
pondríais	poned	*pongáis*	*pusierais*	
pondrían	pongan	*pongan*	*pusieran*	
querría	—	*quiera*	*quisiera*	
querrías	quiere	*quieras*	*quisieras*	
querría	quiera	*quiera*	*quisiera*	
querríamos	queramos	queramos	*quisiéramos*	
querríais	quered	*queráis*	*quisierais*	
querrían	quieran	*quieran*	*quisieran*	
sabría	—	*sepa*	*supiera*	
sabrías	sabe	*sepas*	*supieras*	
sabría	sepa	*sepa*	*supiera*	
sabríamos	sepamos	*sepamos*	*supiéramos*	
sabríais	sabed	*sepáis*	*supierais*	
sabrían	sepan	*sepan*	*supieran*	
saldría	—	*salga*	saliera	
saldrías	*sal*	*salgas*	salieras	
saldría	salga	*salga*	saliera	
saldríamos	salgamos	*salgamos*	saliéramos	
saldríais	salid	*salgáis*	salierais	
saldrían	salgan	*salgan*	salieran	
sentiría	—	*sienta*	*sintiera*	advertir
sentirías	siente	*sientas*	*sintieras*	mentir
sentiría	sienta	*sienta*	*sintiera*	preferir
sentiríamos	sintamos	*sintamos*	*sintiéramos*	
sentiríais	sentid	*sintáis*	*sintierais*	
sentirían	sientan	*sientan*	*sintieran*	
sería	—	*sea*	*fuera*	
serías	*sé*	*seas*	*fueras*	
sería	sea	*sea*	*fuera*	
seríamos	seamos	*seamos*	*fuéramos*	
seríais	sed	*seáis*	*fuerais*	
serían	sean	*sean*	*fueran*	
tendría	—	*tenga*	tuviera	contener
tendrías	*ten*	*tengas*	tuvieras	obtener
tendría	tenga	*tenga*	tuviera	mantener
tendríamos	tengamos	*tengamos*	tuviéramos	sostener
tendríais	tened	*tengáis*	tuvierais	
tendrían	tengan	*tengan*	tuvieran	
vendría	—	*venga*	viniera	convenir
vendrías	ven	*vengas*	vinieras	
vendría	venga	*venga*	viniera	
vendríamos	vengamos	*vengamos*	viniéramos	
vendríais	venid	*vengáis*	vinierais	
vendrían	vengan	*vengan*	vinieran	
vería	—	*vea*	viera	
verías	ve	*veas*	vieras	
vería	vea	*vea*	viera	
veríamos	veamos	*veamos*	viéramos	
veríais	ved	*veáis*	vierais	
verían	vean	*vean*	vieran	

著者紹介

廣澤 明彦（ひろさわ あきひこ）

拓殖大学外国語学部　教授

スペイン語 文法と練習

2019 年 2 月 1 日　印刷
2019 年 2 月 10 日　発行

著　者© 廣　澤　明　彦
発行者　　及　川　直　志
印刷所　　図書印刷株式会社

101-0052 東京都千代田区神田小川町 3 の 24
発行所　電話 03-3291-7811（営業部）, 7821（編集部）　株式会社 白水社
www.hakusuisha.co.jp
乱丁・落丁本は、送料小社負担にてお取り替えいたします。

振替 00190-5-33228　　　　Printed in Japan　　　　図書印刷株式会社

ISBN978-4-560-09953-7

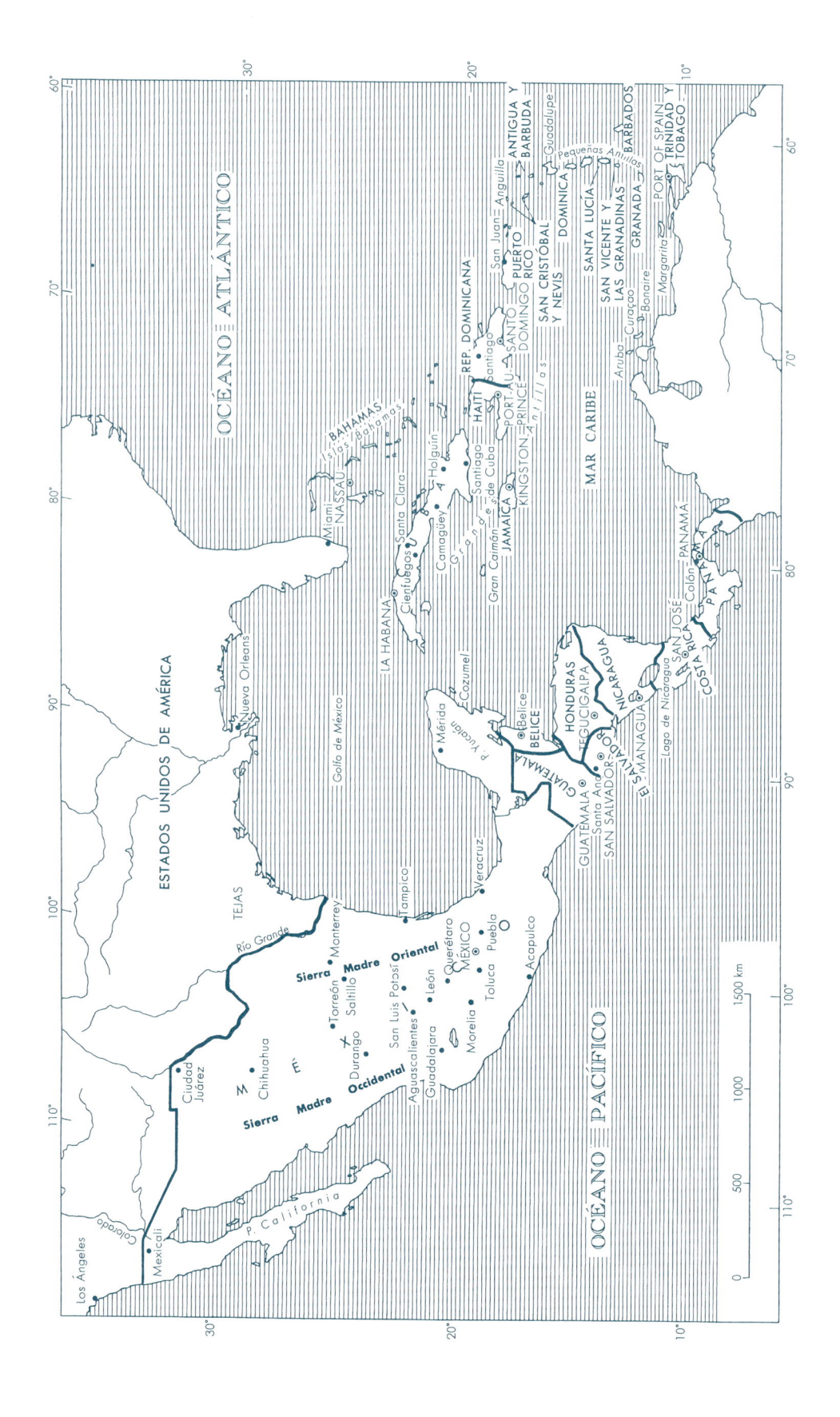